厭世國文老師

我們,
致力追求生命最初的真相,
並奉命於他人遭受繁複命題之困擾時,
解開謎題。

——《神通小偵探》

各界推薦

《厭世古文偵探》以推理之名，喚醒沉睡的星辰，讓久遠的語句在年輕心靈重新發光。厭世國文老師拿起放大鏡，帶領讀者穿越時空，將看似晦澀的古文連成一座浩瀚星系，並貼心提醒你考場的黑洞與漩渦。本書筆調輕快，感思璀璨，邀請你我以偵探之心，讀懂古人，也讀懂自己。

——詹佳鑫，《學霸作文》作者、新竹高中國文科教師

穿越古文迷霧，破解卷中謎團，厭世國文老師化身冷面偵探，邀你用邏輯解碼古典之美。這不是死背，而是邂逅文字祕密、品味人性悲喜的別樣旅程；每個案情皆藏著古人低語，帶你解構試題陷阱，走出世俗枷鎖，品味古文智慧，享受破解之樂。

——洪滿山，楠梓高中國文科教師

古文不再是天書，而是待解的謎題！本書以推理式閱讀法的五大策略，拆解近年考題，教你如何從線索中找答案，翻越古文這堵高牆，成為學測搶分的神隊友。

——羊咩老師，南山高中國文科教師、作家

喜歡實境解謎或密室逃脫的學生，最適合擔任古文偵探，隨著厭世國文老師的步伐，一步步拆解謎面，找出證據，解出古文閱讀的謎底！教學現場的老師，則可使用書裡偵探辦案的步驟，

帶領學生分層理解、學習遷移，古文閱讀將不再是難事。

——劉姿吟，國立臺南女中國文科教師

當我們迷失在學測國文迷宮的十字路，唯一看透真相的是外表看似帥哥，智慧卻過於常人的古文偵探！讓我們一起跟著厭世國文老師的步伐，重回文本現場細心調查，找到隱藏在文字謎題背後的真相！　　　　　——詹筌亦，內湖高中國文科教師

以前我認為古文懂不懂和自身的語文底子有關，此書讓我驚覺誤人子弟多年。書中用諸多文例證明古文閱讀如同偵探辦案，先大致了解案情、釐清時間線，接著揪出疑點，找出被隱藏的真相。即使是古文，也需要「現場調查」，對文本做初步的認識，接著辨析古文某些字詞容易引起的誤會，接下來關注文本的敘事順序與邏輯，找出埋藏在語句背後的真意。深深覺得厭世國文老師有如美國影集《CSI 犯罪現場》中的刑事鑑定人員，能運用各種鑑識證據如 DNA、指紋鑑定等來破案。　　——林佳樺，作家

學測國文持續進化，但真相永遠只有一個，《厭世古文偵探》能帶領讀者抽絲剝繭，透過思辨勘破迷霧，重新理解隱藏在考題之下的價值觀。

——張文承，新北市立丹鳳高級中學語文實驗班導師

從會考到學測，古文試題往往是學生感到艱澀的題型。但更深層的危機是我們常將古文簡化為成績測驗，忽略了與作者對話

的機會。所以我很慶幸自己能隨著厭世國文老師的腳步，重新探究作者的寫作目的，思考前人的生命經驗。

——沈政傑，雲林縣立麥寮高中教師

即使國文學科的重要性難以輕易證明，在學測自然科考題超過一萬字的年代，閱讀素養與答題技巧仍不可或缺。本書提供的解題心法，除了兼顧推理趣味、文學引導，也包含掌握時間標誌等實際作法，讓學生與喜愛解謎的人，都能享受抽絲剝繭的成就感。

——林雅鈴，板橋高中國文科教師

作者以學測古文考題為本，在書中提供系統性的閱讀策略及解題示範。閱讀本書，不僅使師生在「教、學」中能按圖索驥，就此撥開考題迷霧、避開選項陷阱。甚且，普羅大眾閱讀本書，亦可從中汲取古人面對生活難題的智慧，為自己生活的意義、生命的價值，尋得一個解釋與安慰。故強力推薦此一佳作。

——王尹伶，高雄市立福誠高中國文科教師

做為一名高中教師以及曾經的考生，看到題本上的內容以一種鮮活有趣的方式呈現，並補足作品的背景細節。除了油然而生的尊敬外，更是期待能與學生分享，開啟他們對文言文不同的想像、補足有限課堂中未能道盡的知識。

——黃卉妤，新竹女中國文科教師

思考淺碟化、資訊去脈絡化的網路世界裡，這本書真切地以

偵探視角，帶我們爬梳文本、綜理脈絡、挖掘核心、深度思辨。名為厭世，實則是對經典文學最熱切、最入世的叩問。是教科書、應考寶典、生存指南、更是現代人手邊床頭的必備乾糧。

——陳禹齊，臺南一中教師、《陪練國寫》主編

本書可謂新版搶救古文高效指南！作者從大考古文入手，整理出一套「可自學、超實用」的解題思路。內容分為「作者詮釋」、「古文題目」與「題目解析」，引導讀者逐步建構古文理解架構。特別推薦給想加強古文理解能力的你：先閱題、看解析、再回讀詮釋，你會發現：古文，其實有跡可循！

——蔡宛穎，高雄中學國文科教師

「唯一看透真相的是⋯⋯」

隨著動漫角色抽絲剝繭，想像自己是無比聰明洞察一切的偵探；圖書館那本最新上架的推理小說，預約再預約，輾轉於學生間；偵探系列，始終是大人小孩心頭好。調查、證據、真相浮現，如果必得面臨的學測考題是接連不斷的破案過程，喜歡推理的你，是否能尋得蛛絲馬跡、找出正解？

厭世國文老師這次化身偵探，從一篇篇古文謎團中尋找線索，小心誤導、解讀隱藏訊息、找到關鍵，層層拆解。原來看透真相不只有那位打領結的七歲小孩，讀完《厭世古文偵探》，我們也能衝破大考中心設下的古文迷霧，重新認識古文的可愛（不可愛嗎？看得懂又能得高分耶）。

——謝文靜，花蓮女中圖書館主任

〈作者序〉
推理總在學測後

「為什麼要考試？」

學生經常懷抱著這樣的疑問。他們覺得考試是一種巨大的壓力，不但扭曲、擠碎，甚至限制了意志與行動的自由。某種程度上，考試將原本連續而有機的學習歷程，切割成一塊塊可被分類、排序、貼上標籤的片段，彷彿把人變成一份可以量化、比對的「資料」。從國小、國中、高中，甚至未來的大學階段皆是如此，但這些疑問從未被好好解釋。又或者，任何解釋都無法真正安撫他們心中的不安與懷疑。

尤其在國文科的考試中，疑問顯得更加複雜。

面對強調「閱讀素養」的時代，我們原本期待學生能增進理解、詮釋與評析文本的能力，並將其應用於生活。但是，當這些能力被濃縮成選擇題與標準答案時，我們似乎在以固定的尺規，去測量一種本應開放、流動且具多元詮釋性的能力。

很遺憾，閱讀素養最終演變為「閱讀競技」。原本期待學生學習如何思考與理解，卻逐漸變成學習如何贏得比賽，他們努力追求成為考場上的勝利者，而非快樂的學習者。

換句話說，學科能力測驗（簡稱學測）就是高中生的競技場。它不僅用來「測驗考生是否具備進入大學的基本能力」，更

是「大學校系初步篩選學生的門檻」。學生在國文科裡學習的，不再是出於好奇或興趣的閱讀，甚至也不是為了暫時逃離現實的片刻安慰，似乎只想要知道如何在文章中迅速找出關鍵詞、比對選項、確認主旨──為了正確解題而設計的閱讀技巧。

或者用比較精確的說法，國文考試的意義不再能呈現預設的理想，它已經碎裂成更冰冷現實的分數。古文就更別提了，對於大多數的學生來說，這是語言、記憶，還有時間的隔閡，一旦放在學測（或其他考試）裡，彷彿變成了成績單上的一顆絆腳石。

因此，我開始整理學測考題中（課文以外）出現的古文。一方面，希望在「古文十五篇」之外，讓大家接觸更多不同的文本；另一方面，也期待那些曾經印在考卷上的文字，不再帶來壓迫感，能夠被緩慢地、跳躍地、重複地，甚至毫無目的地閱讀。如此一來，或許我們能重新喜愛那些陳舊而陌生的語句，與它們建立新的連結。

當然，學測的每一道選擇題背後，都隱藏著某種「文化標準」。哪些作家值得被記住、哪些文章可以被視為佳作、哪些情感應該被欣賞，而哪些主題則被默默排除。在這樣的選擇與汰除中，不僅考驗了閱讀能力，同時形塑了我們對漢字文化該如何被理解的價值觀。

在《厭世古文偵探》中，我嘗試以「偵探辦案」的元素作為包裝，解析那些出現在學測的古文考題：

「現場的調查」對應於初讀文本時的整體觀察，從人、事、時、地、物著手，建立對文本情境的基本認識；**「誤導的證據」**

則是對字詞意義的辨析，特別是古今語義／觀念落差所造成的理解偏差；「**時間的軸線**」關注文本的敘事順序與邏輯結構，協助釐清段落之間的關聯；「**隱藏的訊息**」是作者埋藏於語句之中的深層意圖；而「**連環的事件**」，則指多篇文章之間的對讀與延伸思考。

　　上述五項策略構成本書解析學測古文考題的方法，我沒有為了讓學生得高分才做這些的想法（考得好當然也不錯），單純希望一起破解以古文為材料製作而成的謎題。

　　解析中提及語詞的解釋，皆參考教育部的《國語辭典簡編本》和《重編國語辭典修訂本》，希望能夠提供一致且明確的參考依據。此外，考題所引之古文原文，部分字形可能與現代通行漢字有所不同，乃依據大考中心公布之試卷為準，屬古今字形或版本差異，並非錯字。

　　最後，學測考題中出現的古文，我試著做出分析與解讀，只是這裡不會有逐字的文字翻譯。翻譯固然必要，卻只是抵達理解的起點，而非終點──讓這些即將死去，或已被宣判死去的文字，再次擁有溫度與脈搏。

　　是的，在閱讀文章與解開考題的過程中，或許有機會練習成為一個願意理解他人、也願意思考自己的大人。

目錄
CONTENTS

各界推薦 ………………………………………… 003
〈作者序〉推理總在學測後 ……………………… 007

第 1 章
現場的調查

調查指南	018
得到自由的方法	020
禮是限制,還是保護?	025
信任的標準:該看內心,還是看行為?	029
咀嚼歷史的味道	033
真正的犯罪剋星	039
人生是一場大夢	043
監獄裡的幽默感	047
學習永遠沒有盡頭	052
鬼在哪裡?	056
話該怎麼說,才有用?	061
創作的真實	067
你得知道該往哪裡走	073
視角越廣,處理越好	077

第 2 章
誤導的證據

調查指南	082
誰是笨蛋？	084
居家的美學與創意	090
天上的星星會說話	095
無情的莊子	101
固定的形，浮動的理	105
你為了什麼開始寫作？	109
背得快，不代表學得好	114
旅遊的品味與品質	119
鯨魚、鱷魚，還有命運；風暴、英雄，還有傳說	125
生存的困難	133
不哭，不哭，眼淚是認輸	137
錢很重要，但別讓它決定一切	142
遠離那些會殺死你的東西	149

第 3 章
時間的軸線

調查指南	156
命運與選擇	158
誰是怪物？誰是英雄？	162
背叛者的憐憫	166
古代的司法與社會正義	170
人才不會消失，只是換個地方發光	176
不管多有理想，你都得待在現實裡	180
抓小偷	184
做一個島嶼的守護者	190
詩歌，終究是寫給懂它的人看的	196
人才難覓，還是難用？	200
霸王的悲劇	204
討好有時只是自找苦吃	208
歷史的真實與修飾	212

第 4 章
隱藏的訊息

調查指南	220
信任的界線	222
小心你以為的朋友	227
在悲劇裡發現希望	231
金錢讓你認識自己	235
我還是我,無論過了多久	239
吃出人生的道理	243
三百年來最後一位女詞人	247
會說話的鸚鵡	253
不敢說的字	257
我知道你在想什麼,好險我反應快	263

第 5 章
連環的事件

> 調查指南 ······················ 270

來一碗粥吧 ······················ 272
「喇加多」在這裡 ··················· 278
有病就要看醫生 ···················· 285
錯了沒關係,改變才是關鍵 ············· 291
過去的智慧照亮前行的路 ·············· 297
一起去壯遊 ······················ 304
知識的局限與潛力 ·················· 310
當你有好奇心,學習就開始了 ············ 315
好人難做,別忘了你的心 ·············· 320
知道自己畏懼什麼,才能知道該如何勇敢 ······ 327

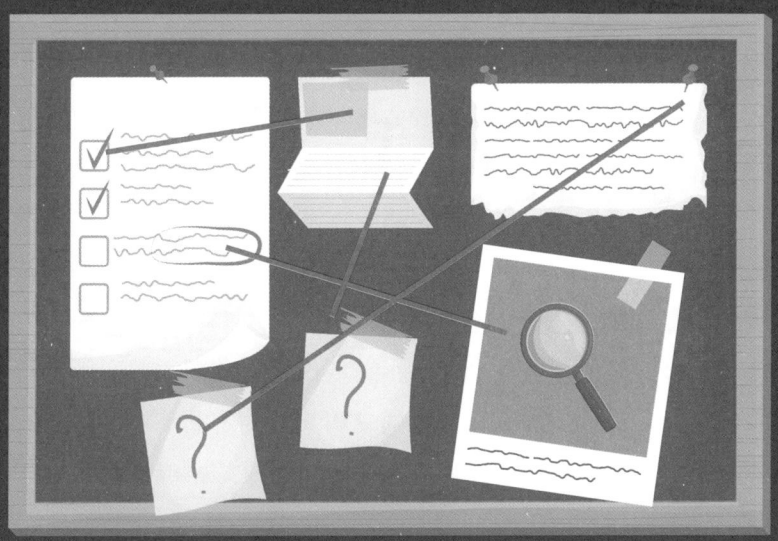

第 1 章

現場的調查

必須從已知的地方著手調查,這是個平凡但重要的程序規則,
將已經掌握線索的地方視為起點。
——《雪人》,尤・奈斯博

調查指南

偵探這樣做
當偵探抵達犯罪現場,首要任務是觀察並蒐集所有可見的證據,以建立案情的基本輪廓。這些證據可能來自現場物品、目擊者證詞或環境特徵,能幫助還原事件發生的脈絡,為後續推理提供基礎。

學生這樣做
當學生面對考題時,首要任務是閱讀並提取所有明確的文本資訊,以建立對文章內容的基本理解。這些資訊可能來自關鍵句、上下文線索或標題與段落結構,能幫助還原文章的主要脈絡,為後續的作答與分析提供基礎。

📍閱讀重點

- **鎖定關鍵細節**——精確篩選文本中明確陳述的資訊,注意關鍵詞、數據、事件、人物等核心要素。
- **確保資訊精準**——嚴格對照文本內容,確認所提取的資訊與原文相符,避免因語境誤解、字詞錯讀或過度推理而影響判斷。
- **構築文本框架**——整合零散細節,還原文本的整體脈絡與邏

輯關聯，判斷事件發展、觀點推進或概念層次，確保理解完整且符合文章主旨。

📍問題類型

- **辨識關鍵細節（5W1H）**──這類題目會期待學生找出文章中的基本資訊，包括誰（Who）、什麼（What）、哪裡（Where）、何時（When）、為什麼（Why）、如何做（How）。記住，這些資訊都在文章的細節中，不用過度「腦補」。你只需要花時間仔細觀察，便能得到答案。
- **提取明確事實**──這類題目通常會列出幾個選項，請你判斷哪些是文章有明確說明的，正確答案一定要與文章的內容相符合，排除沒有被文章所支持的推論。
- **主旨與證據匹配**──這篇文章重點是什麼？哪一段話、哪一個細節證明這個重點？解決這類型題目，得看出作者如何安排自己的論點，並且找出「支持主旨」的關鍵句。

得到自由的方法

#109學年度　#莊周　#山木

今天，莊子帶著學生到山上校外教學，看見一棵枝葉茂盛的大樹，旁邊站著幾位伐伐伐木工（好啦！老人的電玩哏），完全沒有想對這棵大樹做點什麼的意思。

莊子好奇心大作，按道理應該開始砍樹才對，怎麼就只是這樣靜靜看著這棵大樹呢？

伐伐伐木工說：「這樹沒用啦！」聽完回答，莊子得出一個結論：「此木以不材得終其天年。」因為沒用，所以可以活下去。

校外教學結束，莊子一行人從山林深處離開，當晚借住在老朋友家中，老朋友見到莊子很高興，便吩咐童僕殺掉原本飼養的兩隻雁——此處的「雁」指的應當是「家鵝」。童僕大概年紀太小，不知道該殺會叫的，還是殺不會叫的，於是便向主人提出了疑問。

「殺不會叫的。」主人想了一下之後，如此說道。

隔天，學生對昨日觀察到的事情感到困惑：山中那棵大樹因為沒有用而能活下去，為什麼家中的鵝卻因為沒有用而死亡，兩者似乎存在著矛盾，學生不知道到底該如何以此作為自己未來人生的原則：「老師，你會怎麼做？」

莊子笑了，似乎覺得學生問了一個不錯的問題，他回答：「周將處乎材與不材之間。」

表示如果是自己面對這樣的處境，會決定活在有用和沒有用之間。

這大概是句玩笑話，畢竟聽起來有回答跟沒回答一樣，莊子補充解釋，你若只是在有用與沒有用之間擺盪，那依舊會被限制在一個範圍之中，無法真正擺脫世俗的枷鎖。

接下來，才是莊子真正想說的生命法則：接受事情本來的變化，並且遊走在變化之中。

你將不會感受到讚譽與毀謗，外在評價不會影響你的價值，可以成為龍，也可以成為蛇，成功、卓越、失敗、卑賤都不重要──超越有用與沒有用，那你就是自由的。

若是為了滿足外界的標準而選擇有用，那麼我們的一切努力，不過是填滿別人的期望清單，最終換來的則是疲憊的身軀和空洞的內心。

當我們試圖從這種競爭的體系中抽身，卻又往往難以擺脫那根深蒂固的焦慮：我是不是就此被社會淘汰了？即便喘息片刻，無形的壓力依然緊緊相隨。

或許真正的解脫，不在於選擇「有用」或「沒有用」，而是澈底拒絕被標籤劃定人生價值的方式。

> **不要為人生貼上標籤，那將限制你對自己的想像。**

時空謎題

以下兩題為題組。閱讀下文,回答題1與題2。

莊子行於山中,見大木,枝葉盛茂,伐木者止其旁而不取也。問其故,曰:「無所可用。」莊子曰:「此木以不材得終其天年。」夫子出於山,舍於故人之家。故人喜,命豎子殺雁而烹之。豎子請曰:「其一能鳴,其一不能鳴,請奚殺?」主人曰:「殺不能鳴者。」明日,弟子問於莊子曰:「昨日山中之木,以不材得終其天年;今主人之雁,以不材死;先生將何處?」莊子笑曰:「周將處乎材與不材之間。材與不材之間,似之而非也,故未免乎累。若夫乘道德而浮遊則不然。無譽無訾,一龍一蛇,與時俱化,而無肯專為;一上一下,以和為量,浮遊乎萬物之祖;物物而不物於物,則胡可得而累邪!」(《莊子・山木》)

題1 下列敘述,最符合上文所欲表達觀點的是:
(A) 與時俱化,不拘執於為龍或為蛇的價值思考
(B) 死生有命,富貴亦身外之物,毋須為此傷神
(C) 天生我材必有用,自當逍遙浮遊於大化之間
(D) 世人囿於俗見,渾然不知無用之用方為大用

題2 下列文句,最符合上文中「道德」意涵的是:
(A) 順任自然,虛靜無為　　(B) 居仁由義,存理去欲
(C) 道之以德,齊之以禮　　(D) 海納百川,有容乃大

答案:1. (A) 2. (A)

🎯 真相揭曉

題 1:主旨與證據匹配

　　選項 A 中的「與時俱化」意指隨著環境與時勢的變遷,靈活調整自身的思考與行動,而不拘泥於固定的價值觀。其中「龍」與「蛇」作為譬喻,象徵變化與適應——如同海綿寶寶能夠伸縮自如,因應不同情境靈活調整自己,而非執著於單一角色或標準。選項 C 提到的「逍遙」是莊子學說的核心概念,意味著自由自在、不受外在束縛,與道家所追求的精神超脫密切相關。「大化」則指生命過程中的重要變化或宇宙萬物的自然運行,展現莊子對於個體與天地變化的哲學思考。選項 D 中的「囿」字,原指有圍牆的園林,後來引申為「拘束、局限」,在這裡用來形容世人受制於世俗的價值框架,難以跳脫既定觀念的束縛,值得注意。

題 2:提取明確事實

　　選項 A 的「虛靜無為」源自道家思想,指的是克制欲念、心神寧靜、順應自然、不強行干預。這一概念後來引申為「不以人力勉強作為」,以一種歸零的心態面對世界,讓行動更加從容不迫。選項 B 的「居仁由義」則出自儒家經典《孟子》,其含義為內心懷有仁愛之德,行事則遵循義理,展現儒家對於道德修養與

人際關係的重視。選項 C 的「道之以德」在字面上較難理解，這裡的「道」通「導」，意為引導、指引，即以德行來引領民眾，使之趨於善，反映出儒家推崇道德感召力的政治理念。

禮是限制，還是保護？

#109學年度　#荀子　#禮論

　　關於「禮」這件事，或許有些人會覺得不以為然，認為這是一種限制，束縛了個體的自由，壓抑了自然的欲望──這是陳舊的教條。甚至覺得「禮」不過是虛偽的裝飾品，在人前假裝親切和善，人後則暗藏許多不好的念頭。

　　無論如何，東方世界強調「禮」的存在，認為這不僅是外在形式的表現，同時也能維持社會秩序與人際關係的和諧。於是，荀子自己提出了一個疑問，他等等便會做出解答：「禮的起源是什麼？」

　　荀子認為「人生而有欲，欲而不得，則不能無求」。人一生下來就有各種欲望，當欲望無法得到滿足時，就會不可避免地展開追求的行動。

　　就好像你看見隔壁座位同學的便當有隻大雞腿，而你的便當裡只有煮爛的高麗菜和三色豆（真實經驗），在飢餓的情況下，產生想吃到那隻雞腿的欲望，然後伸出筷子往同學的便當夾過去……。

　　然而，如果不對這種追求的行動加以限制，沒有尺度與界限，必然會引發爭鬥的狀況，也就是追求的行動可能擴大成毫無

底線的暴力，這樣只會導致社會的動亂，並且造成物質的匱乏。

以前的統治者很有智慧，為了避免人們因過度追求而引發嚴重的衝突和不良行為，發展出一套名為「禮義」的系統，以此維持人與人之間的和諧秩序。

理想上，這套系統能妥善調節人們的欲望，滿足合理的需求。這樣一來，禮義便能有效防止欲望的無限膨脹，避免人們陷入對物質的過度追求；物質也不會被欲望所支配，保持在一個合理的範疇內。也就是「使欲必不窮於物，物必不屈於欲」，兩者互相補足而建構出完整的系統——這就是禮被創造出來的過程。

的確，荀子的禮是一種限制，但同時也是一種保護。透過建立明顯的指示與規範，幫助人們在欲望與行為之間取得平衡，避免因過度追求而引發混亂與衝突。禮提供了共同的語言，人與人之間更容易理解彼此的立場，促進相對良好的交流與合作。過去的禮接近於現代的法，如今我們相對願意接受法的限制與保護，禮原本的功能則已被取代而消失。

那麼應該如何看待禮呢？

我想是這樣的，只要你對別人的感受有敏銳的覺察，有沒有微笑並不重要。

> **現代禮儀不是服從規範，而是學習如何尊重他人。**

> **時空謎題**

題目 依據下文,最符合主旨的是:

人生而有欲,欲而不得,則不能無求。求而無度量分界,則不能不爭;爭則亂,亂則窮。先王惡其亂也,故制禮義以分之,以養人之欲,給人之求。(《荀子》)

(A)王道無偏　　(B)無欲則治
(C)爭起於分界　(D)禮源於治亂

答案:(D)

🎯 真相揭曉

主旨與證據匹配

選項 A 的「王道」源自儒家政治思想,指以仁義治天下的治理方式,強調道德感召與民本思想,而非依靠權力與武力來統治。這種統治理念注重君主的德行,以德服人,使人民心悅誠服,相對於依靠武力與權謀的「霸道」而言,更強調人性與倫理的重要性。

相比之下,「霸道」則指以強權、武力或威勢來維持統治的方式,這種治理方式往往強調控制與服從,而非道德與仁政。然而在現代流行文化中,「霸道」一詞的含義已經有所轉變,特別是在小說、影視作品中,「霸道」往往與「蠻不講理、強勢專橫」的形象聯繫在一起,例如「霸道總裁」類型的角色,常表現

出支配欲強、我行我素但內心柔軟的特徵，與傳統政治意義上的「霸道」有所不同。

信任的標準：
該看內心，還是看行為？

#114 學年度　#魏禧　#魏叔子日錄

動機重要？還是行為重要？在人類的心理和決策研究中，兩者之間的關係一直存在爭議，行為是我們可以明確觀察的外顯狀態，動機則是驅使這些行動的內在力量。

關於這個問題，晚明的魏禧提出了自己的見解，先將人們區分成兩種類型：小人與君子。認為「論小人者，必論其心」，因為那些小人平常看起來好像做了許多好事，但他們的動機向來不夠純正，所有良善的行為背後必定有邪惡的圖謀，如果只看行為而忽略動機，便難以判斷這一個人真正的品格修養；至於「論君子者，又不當徒論其心」，主張君子則應該被檢視行為，而不是光討論他的動機。為何君子和小人會有這樣的差異？魏禧強調，一個人心地再好，做錯了事，在道德上仍舊存在很大的進步空間。

這涉及了魏禧對不同群體的期望與道德評價。被視為擁有正面人格特質的君子，他更關注這些人是否符合正確的行為規範；而對於被視為擁有負面人格特質的小人，則懷疑其內心的想法是否即將危害公共秩序。換句話說，魏禧沒有確認動機和行為哪一個重要，而是依照不同的人格特質，做出「預防」與「鼓勵」的

判斷。

「小心壞人，成就好人。」魏禧大概會如是說。

社會透過「論小人以心」來防範潛在的危害，確保信任機制不被破壞；同時透過「論君子以事」來達成符合社會規範的行為，以維護良好秩序。

不過，就某方面來說，人性是一把鑰匙，可以打開通往天堂的大門，同時也可以開啟連結地獄的道路，我們難以辨識眼前的鑰匙到底是屬於天堂，抑或是地獄，也不會有任何說明書，告訴你該怎麼做出正確的判斷。

魏禧宣稱，掌握了鑰匙的最佳使用方式，才能進一步確保社會的穩定運行，讓小人沒有攻擊他人的機會，並且讓君子從錯誤中學習如何成為更好的人。但真的有辦法辨識複雜的人性嗎？甚至在日常生活裡，我們可能更關心這個人的行為會對自己產生什麼影響，而非深究他內心的動機究竟是善是惡。

魏禧試圖找到人生的原則，在他的《日錄》裡可以很常看到這樣的痕跡；但想要切割出完整的道德方塊是不可能的，人們的價值觀與行動並不總是整齊劃一，甚至經常充滿矛盾、衝突，以及無法預測的決定。

畢竟，我們更容易看到行為的直接後果，卻難以洞察一個人真正的想法。當對方向我們表現出善意的舉動時，我們或許會選擇信任；反之，當眼前的行為對我們造成傷害，即便他聲稱自己「沒有惡意」或「不是故意」，我們仍可能無法接受這種說法。

事實上，我們比較願意根據自己的動機來評判自己，但根據

他人的行為來評判他人。

> **只有超級英雄漫畫才會告訴你，
> 誰是好人，誰是壞人。**

時空謎題

以下兩題為題組。閱讀下文，回答題1和題2。

　　論小人者，必論其心。小人庸多善事，其心未有無所為而為者。若徒論外事人品真偽，學術邪正，幾不可辨矣。論君子者，又不當徒論其心，心雖純正，而行事偶失，亦即是過。故論小人以心者，所以防閑小人之法；論君子以事者，所以造就君子之方。（魏禧《魏叔子日錄》）

題1 關於「君子行事」，下列最符合上文觀點的是：
（A）縱有疏失也不易察覺　　（B）必然具有良善的動機
（C）經常招致小人的詆毀　　（D）能引領世風正向發展

題2 依據上文，「論小人者，必論其心」旨在告訴讀者：
（A）小人也有心存善念的可能
（B）不可被小人的作為所蒙蔽
（C）小人無目標的行事易壞事
（D）必須致力讓小人改邪歸正

答案：1.(B) 2.(B)

 真相揭曉

題 1：提取明確事實

選項 B 為正確答案，但「必然」這個詞過於絕對，可能會讓人猶豫，因為在人性複雜的現實情境中，很難確保所有君子都「必然」具有良善的動機。雖然「必然」一詞稍顯絕對，但在魏禧的價值觀體系中，這仍是符合文本邏輯的推論。

題 2：提取明確事實

承上，文章中的「心」對應於現代語言中的「動機」，而「事」則指「行為」。根據魏禧的觀點，小人應從動機加以防範，而君子則應從行為加以評估，但選項 B「不可被小人的作為所蒙蔽」並不能直接說明「論小人者，必論其心」，須再從文章中「小人庸多善事，其心未有無所為而為者」判斷，進而確認此為正確答案。

咀嚼歷史的味道

#112 學年度　# 李時珍　# 本草綱目

你吃檳榔嗎？我吃過，明代的李時珍應該也吃過。

《本草綱目》記載了檳榔的功效，並且視為一劑藥方，李時珍引用宋代羅大經《鶴林玉露》的說法，說明檳榔是嶺南一帶人民代替茶來當作抵禦瘴氣的藥物。不過，羅大經的說法是「嶺南人以檳榔代茶，且謂可以禦瘴」，比較完整的解釋是一般人習慣喝茶，而嶺南人習慣吃檳榔，吃檳榔可以防止瘴氣的傷害；至於茶有沒有一樣的效用，羅大經並沒有提及。有趣的是，羅大經剛到嶺南時，不太敢吃檳榔，之後慢慢適應，過了一年已經「不可一日無此君」，在這樣的親身體驗下，羅大經認為檳榔的功用有四項（李時珍有混入自己的說明）：

第一，由醒變醉。因為長久食用檳榔，會使人臉頰紅通通的，好像喝了酒一樣。另一位吃過檳榔的知識分子蘇軾發表了使用者心得：「紅潮登頰醉檳榔。」

第二，由醉變醒。喝酒後咀嚼檳榔，能使呼吸順暢，並能稀釋痰液，減緩酒醉的不適感。同樣是檳榔食用者的朱熹也說：「檳榔收得為祛痰。」（羅大經沒提及朱熹，是李時珍補充的）

兩者雖然方向相反，但反映了檳榔對人體的不同調節機制。
　　檳榔在平衡人體狀態上發揮了動態調整功能，這或許是嶺南人長期依賴檳榔的原因之一，但更有可能是因為檳榔會使人上癮。

　　第三，由飢變飽。檳榔根本《七龍珠》中的仙豆，空腹吃了還能有飽足感。
　　第四，由飽變飢。吃飽飯後食用檳榔，能使消化順暢。

　　據此，檳榔能根據食用者的生理狀態發揮不同作用，既能應對飢餓，又能改善消化。飯後吃什麼水果，吃檳榔啦！減肥吃什麼代餐，吃檳榔啦！
　　接著，李時珍從《鶴林玉露》中引用范應鈴的說法作為結論，認為檳榔的特質是疏通而不耗氣，味道平衡中還帶有些微的甜味。
　　正因為有這樣的天然成分，檳榔才展現出多重功能：既能醒能醉、能飢能飽，更具有驅痰、助消化、祛瘴氣等實用功能。至於范應鈴為何會這樣說，那是因為他聽到羅大經這麼喜歡檳榔，直接稱呼他為「檳榔代言人」，然後才提到檳榔的特性與功能。我看，羅大經是很懂喔！
　　你吃進去的食物，是歷史、是文化，也是身分的象徵。我們用言語講述故事，也以舌頭上的味蕾訴說那些久遠的地方、人群還有時光。將那些早已逝去的、掩藏的，或是不再被人重視的，

透過香料、穀物和傳承下來的食譜，留下屬於這塊土地的味道。你不能只是吃飯，還必須討論你現在筷子正夾著的食物。

你吃進什麼，便會成為什麼。又或者，你是什麼，就吃進什麼。

> 願意吃下沒見過的食物，那叫做勇氣或體驗文化。

時空謎題

以下三題為題組。閱讀下文，回答題1至題3。

甲、嶺南人認為檳榔可以解瘴癘之氣，蘇東坡入境隨俗，大嚼大啖，至汗出且面紅如醉，還特地寫詩歌詠檳榔：「能消瘴癘暖如薰」。南宋羅大經《鶴林玉露》中說自己初至嶺南，對檳榔敬謝不敏；過了一段時間，才敢稍微嘗試；住了一年多後，卻「不可一日無此君矣」。南宋周去非《嶺外代答》則寫道：「有嘲廣人曰：『路上行人口似羊。』言以蔞葉雜咀，終日噍飼也，曲盡啖檳榔之狀矣。每逢人，則黑齒朱唇；數人聚會，則朱殷遍地，實可厭惡。」言詞中極盡輕蔑。（改寫自黃楷元〈陪蘇東坡一起吃檳榔〉）

乙、檳榔原產於馬來西亞，名稱源自馬來語 pinang。臺

灣的檳榔品質佳，從前除了日常嚼食，也用來待客。

　　李時珍《本草綱目》說：「嶺南人以檳榔代茶禦瘴，其功有四：一曰醒能使之醉，蓋食之久，則醺然頰赤，若飲酒然，蘇東坡所謂『紅潮登頰醉檳榔』也。二曰醉能使之醒，蓋酒後嚼之，則寬氣下痰，餘醒頓解，朱晦庵所謂『檳榔收得為祛痰』也。三曰飢能使之飽。四曰飽能使之飢。蓋空腹食之，則充然氣盛如飽；飽後食之，則飲食快然易消。又且賦性疏通而不泄氣，稟味嚴正而更有餘甘。」

　　檳榔果實含多酚類化合物、檳榔素、檳榔鹼，會影響大腦、交感神經及副交感神經作用，提高警覺度，刺激腎上腺素分泌。世界衛生組織證實：檳榔素、檳榔鹼具潛在致癌性，檳榔所添加的石灰則會破壞口腔黏膜的表皮細胞，導致細胞增生變異。

　　嚼食經驗令我覺得檳榔很容易成癮，戒除甚難，但不知它的成癮機轉。它迷惑人，卻極具危險，像不正常的親密關係，像禁忌的遊戲，嚼多了會有墮落感、罪惡感。可它又那麼清香，那麼容易上癮。（改寫自焦桐〈禁忌的親密關係〉）

題1 綜合甲、乙二文，關於檳榔的功效或危害，說明最適當的是：
(A) 賦性疏通而不泄氣，有益調節呼吸系統，嶺南用以對抗瘴氣
(B) 李時珍認同朱晦庵檳榔可祛痰的看法，咀嚼檳榔有助於

醒酒
（C）所含多酚類化合物具雙向調節的作用，既可充飢又可助消化
（D）世界衛生組織證實檳榔鹼會刺激腎上腺素分泌，致食用成癮

題2 關於甲、乙二文的寫作方式，說明最適當的是：
（A）甲文就歷史發展評論，認為嚼檳榔有礙觀瞻而不鼓勵食用
（B）乙文兼論檳榔功效與危害，呼籲人們抗拒檳榔的危險誘惑
（C）二文皆引述相關的文學創作與醫療知識，呈現檳榔多面性
（D）二文皆提及食用者親身經驗，點出嚼食檳榔後的成癮現象

題3 下列詩句畫線處所敘述的檳榔作用，甲文或乙文中**未提及**的是：
（A）登頰紅潮增嫵媚，潤脾津液<u>益精神</u>
（B）一抹腮紅還舊好，<u>解紛惟有送檳榔</u>
（C）有時食紫苦羶腥，也須細嚼<u>淨口舐</u>
（D）<u>淡可療飢</u>醫苦口，津能分潤滴枯腸

答案：1.(B) 2.(D) 3.(B)

🎯 真相揭曉

題 1：提取明確事實

　　你可能寫錯的原因有三：未細讀《本草綱目》，誤將「賦性疏通而不泄氣」與呼吸系統聯繫；對「多酚類化合物」作用不熟悉，錯認其與飢餓、消化具有「雙向調節作用」；誤解世界衛生組織的證實內容，將「致癌性」等同於「成癮性」，忽略成癮的說法僅是乙文作者的個人經驗觀察。

題 2：辨識關鍵細節（5WIH）

　　注意「文章的寫作方式」。甲文雖提及周去非對嚼檳榔的負面評價，但僅是呈現不同觀點，並未直接批判「有礙觀瞻」或「不鼓勵食用」。至於乙文，若你看到「危險誘惑」就以為作者是在勸人別吃，那就太天真了──作者其實只是表達自己戒不掉的痛苦。此外，選項 C 提及「多面性」，這點或許可見於甲、乙兩文，但甲文並未涉及「醫療知識」，因此不構成合理選項。

題 3：提取明確事實

　　你可能會被「面紅」誤導，或是誤解「解紛」與「醫苦口」，未細讀文本內容。但其實這是考驗眼力的題目，注意畫線處部分就可以了。

真正的犯罪剋星

#110學年度　#列禦寇　#列子　#說符

晉國有一個煩惱，那就是盜賊太多了。

想像一下，你走在路上，得擔心有壞人搶劫你的錢包；待在家裡，得害怕有壞人破門而入、進到你家翻箱倒櫃。更令人感到恐懼的是，壞人多到來不及抓，你居住的國家成為盜賊的天堂，人民的地獄。

幸好，救星出現了！

有位名叫郤雍的人，天生具備一種特異功能，可以判斷盜賊的臉孔：從眼睛和眉毛的神情，就知道這個人是不是盜賊。擁有這樣一部人肉「盜賊辨識器」，晉國的統治者感到非常振奮與喜悅，認為這可以解決盜賊的問題。

事實上，郤雍的確發揮了重要作用，藉著他的眼睛抓住許多盜賊，準確度是百分之百。

這讓晉國的統治者忍不住向趙文子炫耀：「一個人足以解決盜賊問題，何必需要耗費大量人力？」可是，趙文子說出來的話就像一桶潑出去的冷水，他認為，今天你作為國家的統治者，卻僅能以檢查的方式篩選與捕獲盜賊，無法從根本上解決問題。

趙文子甚至大膽預言：「郤雍死定了。」

晉國的統治者聽到趙文子的話應該覺得莫名其妙，何必都往壞處想，甚至還詛咒一位如此優秀的人才。

但不久之後，那些還沒被抓到的盜賊聚集在一起，得出一項共識：「現在狀況這麼慘，都是郄雍害的。」接著聯合幾位同夥，找到機會殺掉郄雍。

消息傳出來，晉國的統治者害怕極了，如果是三流電視劇，大概會演個五集趙文子被懷疑殺人、兩集洗刷冤屈、四集追捕壞人，然後最後一集發現原來幕後主使者竟然就在我們之中。這裡簡單明快，直接寫出晉國統治者對趙文子的預言感到佩服：

「果如子言，郄雍死矣！然取盜何方？」

如果處理盜賊問題的解決方案「被消失」了，代表社會秩序又將陷入混亂之中，那還有什麼替代方案嗎？

趙文子冷靜地表示別擔心，他先引用周代的一段老話「察見淵魚者不祥，智料隱匿者有殃」，大意是「事情看得太清楚的人，都不會有好下場」，這段話顯然是用來解釋之前自己為何能做出如此準確的預設，接著才回應晉國統治者的問題。

假如一個國家想要達成零犯罪率的目標，趙文子認為重點不在於有沒有最厲害的辦案人員、最快速抓到壞人的方法，而是任用優秀的政府官員，制定有效的政策，推動教育、社會福利、經濟發展等方面的改革，來解決犯罪根源。

問題不是壞人，而是人到底怎麼變壞的？

趙文子仍具有某種古老知識分子的理想，認為民眾有了羞恥心後，便知道成為壞人是不正確的選擇，關鍵則在於優秀的政府

官員夠好，好到讓民眾想成為一樣好的人。

最後，任用隨會（這是人名）主持國家的政事，那些盜賊都跑到秦國去了（秦國表示：X，害我）。

> **你對人性看得越清楚，日子過得越痛苦。**

時空謎題

題目 依據下文，符合故事內容的敘述是：（多選）

晉國苦盜。有郄雍者，能視盜之貌，察其眉睫之間，而得其情。晉侯使視盜，千百無遺一焉。晉侯大喜，告趙文子曰：「吾得一人，而一國盜為盡矣，奚用多為？」文子曰：「吾君恃伺察而得盜，盜不盡矣。且郄雍必不得其死焉。」俄而群盜謀曰：「吾所窮者，郄雍也。」遂共盜而殘之。晉侯聞而大駭，立召文子而告之曰：「果如子言，郄雍死矣！然取盜何方？」文子曰：「周諺有言：『察見淵魚者不祥，智料隱匿者有殃。』且君欲無盜，莫若舉賢而任之，使教明於上，化行於下，民有恥心，則何盜之為？」於是用隨會知政，而群盜奔秦焉。（《列子》）

（A）郄雍善於鑒人，能由人物的面目氣質判斷其是否為盜賊
（B）郄雍善於察盜，晉侯大喜而授以專權，晉國亦因而大治

（C）郤雍的表現引起同儕的嫉妒而遭殺害，符合文子的預言

（D）文子認為過於善察和用智並非好事，將會為己招來災禍

（E）文子將善於教化百姓的隨會推薦給晉侯，盜賊因而遷善

答案：(A) (D)

🎯 真相揭曉

辨識關鍵細節（5W1H）

・Who（是誰）：郤雍（擅長辨人者）、晉侯（國君）、文子（先見之明者）、盜賊（反派）。

・What（發生了什麼）：郤雍因識破盜賊而被晉侯重用，卻因此遭到盜賊報復殺害；文子預言他不得善終，並建議用教化代替打壓。

・Where（在哪裡）：晉國宮廷與其社會。

人生是一場大夢

#111 學年度　#張岱　#陶庵夢憶自序

《陶庵夢憶》這本書，是張岱說了一次又一次的夢話。

明朝滅亡後，原本過著富裕生活的張岱，已然無法再回去昔日的快樂時光，無論是物質或情感，都隨著國家一起崩潰瓦解。

「我要死。」張岱腦袋裡不斷盤旋著這三個字，但結束自己的生命並不是那麼容易的事，他以尚有一部《石匱書》仍未完成為藉口，繼續活在沒有希望的日子裡；唯一還存在光亮的所在，只剩下自己的回憶。

在《陶庵夢憶》的序文中，張岱提到自己每次都會夢到過往的某些片段，而那些親身經歷的人與事，如今看來就像一場五十年的夢──漫長又短暫，模糊又清晰。而張岱想藉由文字穿越時空，前往這一場夢境裡，再次遇見從前的城郭山河、親朋好友。

張岱試圖透過記憶療癒痛苦的現實，他知道這樣就像一個愚痴的人，深怕別人點破自己正在做夢後，必須醒來重新面對那些衰敗與殘酷的生活：「真所謂痴人前不得說夢矣！」是啊！不能說這是夢，因為一切太快樂了。

矛盾的是，張岱比誰都明白現實與夢境的差別，更知道夢境只是一種逃避現實的方式，所以他提及從前有個腳夫，不小心打

破幫人運送的酒甕，想到自己沒有辦法賠償對方的損失，只能坐在路邊呆呆地想：「如果這是夢就好了。」

另一方面，他也知道快樂能讓人覺得彷彿身處夢境之中，如同一位貧窮的知識分子，終於在考試的正取榜單上看見自己的名字；前往「鹿鳴宴」慶祝時，由於太難想像這種快樂，他忍不住咬了一口自己的手臂：「這不是夢吧？」

張岱認為，同樣是夢，有的人希望這是夢，有的人又擔心這是夢。無論真實是快樂或痛苦的，他們都沒有足夠的勇氣面對現實，畢竟大好與大壞的經驗皆會成為令人感到沉重的負擔。在張岱眼中，這也算是一種愚痴的人。

「我醒來了！」張岱宣稱自己已脫離夢境，但又立刻說自己寫下的每一個字都像是夢話，彷彿精神分裂一般，在不同的想法之間迅速轉換，他則為這樣的態度找到一個故事來解釋：有位名為盧生的讀書人，年老病危將死之時，仍想著要臨摹王羲之與王獻之的書法，目的是希望能將自己的親筆之作流傳給後世。

這多麼荒謬。人的生命走到盡頭時，那些身外之物還有價值嗎？儘管死後便無法再感知任何關於自己的讚美與批評，但張岱與那位盧生一樣，「名」這個字已扎根寄生在知識分子的靈魂之中──堅固如佛家舍利，劫火猛烈，猶燒之不失也。換句話說，張岱之所以掙扎地維持勉強正常的日子，就是為了往後的人們能記得自己的名字，就是這一點執著（或者說愚痴），成為他寫作與呼吸的動力。

> 活著比死亡還要艱難，因為你無法逃避痛苦的現實。

時空謎題

以下兩題為題組。閱讀下文，回答題1和題2。

雞鳴枕上，夜氣方回，因想余生平，繁華靡麗，過眼皆空，五十年來，總成一夢。……遙思往事，憶即書之，持向佛前，一一懺悔。不次歲月，異年譜也；不分門類，別志林也。偶拈一則，如遊舊徑，如見故人、城郭、人民，翻用自喜，真所謂癡人前不得說夢矣。昔有西陵腳夫，為人擔酒，失足破其甕，念無以償，癡坐佇想曰：「得是夢便好。」一寒士鄉試中式，方赴鹿鳴宴，恍然猶意非真，自嚙其臂曰：「莫是夢否？」一夢耳，惟恐其非夢，又惟恐其是夢，其為癡人則一也。余今大夢將寤，猶事雕蟲，又是一番夢囈。（張岱《陶庵夢憶·自序》）

題1 依據上文，關於張岱撰《陶庵夢憶》，敘述最適當的是：
（A）內容是對五十年人生的回憶
（B）對信手拈來的寫法感到欣喜
（C）常於深夜寫書，至雞鳴破曉時才肯擱筆
（D）早年已悟繁華如夢，遂於書中深自懺悔

題2 關於上文「腳夫」、「寒士」的敘述，最適當的是：
（A）腳夫和寒士能以豁達心境待人接物
（B）腳夫和寒士各有其專注執著的興趣
（C）腳夫失足破甕，無法承受突發逆境，憾其非夢
（D）寒士名落孫山，對於學識缺乏信心，疑其是夢

答案：1.(A) 2.(C)

🎯 真相揭曉

題1：誤導型考題

　　選項 B 的「信手拈來」意指隨手取材、運筆自如。其中「拈」指「用手指夾取、捏取」，進一步譬喻寫作時取材靈活、自然流暢。乍看之下，這與文章中的「憶即書之」相似，但題目設計刻意引導你聯想到「偶拈一則」。然而，「偶拈一則……翻用自喜」的語境並非指寫作時從容取材，而是隨機選取一則記事，並未展現有意識的寫作技巧或條理。

題2：區分字詞義

　　選項 C 符合原文，其他選項加入了額外推論，不符合文本內容。因此，應聚焦腳夫的遺憾與寒士的迷惘，而非豁達、興趣或考試失敗的推測。不過如果你不知道「豁達」與「名落孫山」等語詞，也難以辨識選項。

監獄裡的幽默感

#109 學年度　#蔣渭水　#入獄賦

　　一九二三年，蔣渭水因治警事件被捕入獄，他形容這是一次臺灣的「獅子狩」（拘捕志士），日本政府不僅針對臺北的知識分子，更是想要一網打盡全臺灣的知識分子。

　　蔣渭水回憶那一年的十二月十六日早上六點，他記得是個有陽光但寒冷的日子，他聽見外面有車夫催叫，起床後便是一連串的收押手續，直到他進入了臺北監獄。

　　一九二四年一月，蔣渭水寫了數篇模仿古文的作文，〈入獄賦〉即是其中一篇，從語言文字與篇章結構來看，顯然是化用蘇軾的〈赤壁賦〉，將「壬戌之秋，七月既望，蘇子與客泛舟遊於赤壁之下」改成「癸亥之冬，臘月既望，蔣子與妻同衾臥於木榻之上」，藉此交代自己被收押的經過。

　　〈赤壁賦〉有洞簫客，而〈入獄賦〉有洞簫蚊；雖然我覺得蚊子不會吹洞簫，應該將蚊子視為會發出如洞簫般嗚嗚的聲音比較合理。

　　蔣渭水為了排解憂慮，便一邊喝著涼水，一邊敲擊床沿唱歌，這個洞簫蚊則在旁邊應和，激怒了孤獨的囚犯和憂時的志士。

蔣渭水悲傷地抱著棉被問：「你吵屁吵何必這樣？」

　　（當然是想像的對話）蚊子展開以下的回應：提到田健治郎與內田嘉吉先後兩位日本總督，其中一位曾經風光無限，卻已經不復以往；另外一位依仗權勢，施展暴政，壓榨臺灣民眾，辜負了百姓對政府的希望。

　　蔣渭水聽完蚊子的抱怨，以及其中隱含的抗日決心，便試著安慰對方，認為暴秦、惡清都有滅亡的一天，暗示日本也將走上相同的道路。

　　若從暴虐者（秦、清、日本）的角度看，他們的勢力終究不能長久；從受壓迫者的角度看，他們的仁義無窮無盡，又有什麼可悲的呢？

　　所謂的變與不變，蔣渭水認為歷史必然有變，但普世的價值永遠不變。

　　接著，蔣渭水開始講起人民的權利：「且夫天地之間，人各有權。苟非法文所許，雖一毫而莫侵。」強調法律應該保護社會大眾，而不是任由日本政府予取予求，要多少薪水有多少薪水，要多少出差旅費有多少旅費，把人民當成提款機，毫無限制地領取自己想要的金錢。

　　話說完，蚊子笑了，大概是有人與他同仇敵愾，站在同一陣線，以微弱的力量進行看似不可能的戰鬥吧。夜深，彼此睡在監獄裡，不知道天將要亮了。

　　人在困境中偶爾會展現獨特的幽默感，或許是為了打發時間，蔣渭水還模仿了曹操、陶淵明，以及劉禹錫等人的作品。

為何選擇這些古人？我覺得是他能在獄中背誦出來的作品就是這些了。

但那又如何？生活總在你不注意的時候，突然投出一記變化球，讓你不知道該如何揮棒；偶爾還會是觸身球，你只能倒在地上哀叫。不過，當你處在痛苦的時候，依然可以用微笑作為緩衝，將那些負面情緒放置在一定的距離，使它們看起來不那麼重要與勢不可擋。誇張和荒謬的方式可以分散不舒服的感覺，培養更加強韌的個性。這沒有忽視問題原本的存在，反倒是一種反抗絕望的精神，宣告自己拒絕被壓力擊敗。

我們無法控制環境，但可以控制我們的反應；幽默並不能消除痛苦，但它可以改變感受。

> 生活爛到讓你笑不出來，
> 你得自己讓自己開心。

時空謎題

題目 關於下文，適當的解說是：（多選）

蔣子曰：「蚊亦知夫秦與清乎？暴者如斯，而未嘗安也；受虧者如彼，而卒莫不興也。蓋將自其暴者而觀之，則其位曾不能以悠久也；自其受虧者而觀之，則仁與義皆無盡也，而又何悲乎！且夫天地之間，人各有權。苟非法文所許，雖一毫而莫侵。惟無額之給俸，與出張之旅費，爾得之而為產，民出之

第 1 章／現場的調查

而甘心,取之無抗,徵之不拒,是島民者之無盡藏也,而任與你之所剝削。」蚊喜而笑,停足壁上。更夜已深,各自安眠,相與枕藉乎牢中,不知東方之既白。(蔣渭水〈入獄賦〉)

(A)套用蘇軾〈赤壁賦〉句型,並襲用文中盛衰無常的旨意
(B)以秦、清兩朝終至覆滅的史實,推知剝削人民的執政者不能久存
(C)藉受虧者的遭遇為誡,指出人民若一味姑息暴政,不足憐恤
(D)「且夫天地之間,人各有權」意謂人民應有受法律保障的權利
(E)「任與你之所剝削」是諷刺統治階層聚斂不已,人民莫可奈何

答案:(B)(D)(E)

◎ 真相揭曉

提取明確事實

如果你忘記了〈赤壁賦〉的課文內容,那麼選項A便難以從「句型」與「旨意」兩方面進行判斷,無法確認其與文本的對應關係。此外,運用歷史課所習得的知識,從「蔣渭水」與「入獄」等關鍵詞,也可推測文章的寫作背景。

至於其他部分,則取決於你對句子與全文關係的理解程度。

我們在閱讀或解題時，不能只看某個字詞或句子是什麼意思，更重要的是要放到整篇文章的角度去看。若能掌握文本結構與段落關聯，就能更準確判斷選項是否符合原意。

學習永遠沒有盡頭

#113學年度　#葛洪　#抱朴子

　　晉代的葛洪是一位「超級煉丹術師」，但他年輕的時候過著十分貧窮的生活，必須以工作換取閱讀書籍的機會。在沒有教師的指導下，只得自己教會自己；沒有資源的支持下，只得一張紙反覆利用書寫。

　　從葛洪的〈自敘〉來看，他似乎沒有太多自信，認為自己「性鈍口訥，形貌醜陋」，甚至一整天都不說話，因此別人送他一個稱號「抱朴之士」，意思是「守住本有質樸淡泊的人」，但或許也能看成「有夠無聊的人」。

　　據此，葛洪自稱「抱朴子」，也用這個稱號作為書名。

　　關於《抱朴子》一書，分成內、外二篇。《內篇》以道家為主，講述神仙方藥、鬼怪變化、養生延年、禳邪卻禍；《外篇》則以儒家為主，論人間得失與世事臧否。在《外篇》中有〈博喻〉一章，使用多項譬喻來說明自己的想法。例如，葛洪認為應該重視「培養多元能力」，只有某一種能力很強的人，不足以承擔全部的責任；同樣的，只擅長一項技能也有問題，無法應付各種狀況。

　　顯然，葛洪自己曾學習各種類型的知識，包括醫學和煉丹

術。在這種態度上，他當然主張培養多元能力；並為了加強說服的效用，進而舉出一些生活例子：

一、雞知道天快亮了，但不能推算陰陽變化和日月運行的規律（廢話，牠只是一隻雞啊！不要太要求牠了好嗎？）。

二、天鵝能分辨半夜的時間，但沒辦法掌握日影變化和測量時辰的方法（牠只是隻鵝啊……）。

葛洪似乎期待這些禽鳥能算數學和看手錶，這也說明天生的才能是有限制的，就像家裡的貓再可愛，也不會幫我改作文一樣。

三、山鳩能預測天氣會晴還是雨，但不了解天文的奧祕。
四、蛇和螞蟻知道地下水源的位置，但無法真正掌握地理的全貌。

同樣的，葛洪希望說明某些能力雖然有用處，但只是局部的、片面的，無法涵蓋整體的資訊，以及理解更深一層的知識。

如果想要幫葛洪解釋得更清楚一點，那麼他想說的可能是：個人的天賦有其限制，無法依靠天賦理解世界的運作，並掌握應對的方法。

葛洪本身是努力的人，優異的天賦對他而言似乎有點遙遠，所以他才會強調廣泛且深入的學習。擁抱各種領域的知識，不僅

是一種智力上的奢侈，也是生存之道。

現今的世界不再是孤立的。總會出現許多未知的挑戰，我們必須適應這樣的變化，甚至提出解決的方案。想得到較好生活的生活品質，比起以往可能更加辛苦，必須培養從多項角度看待問題的能力、在快速發展的產業裡避免專業過時，以及擁有走出舒適圈的勇氣，接觸那些不熟悉的知識與技能，最後以一種永無止境的態度持續成長與學習。

當然，我們也未必一定是為了取得勝利者的稱號，也可以是想要豐富個人的身分。

> 強化自己擅長的事情，
> 探索自己不擅長的事情。

時空謎題

題目 下文＿＿＿處應填入可總括文中所舉四項事例的文句，最適合填入的是：

＿＿＿。是以雞知將旦，不能究陰陽之曆數；鵠識夜半，不能極晷景之道度；山鳩知晴雨於將來，不能明天文；蛇蟥知潛泉之所居，不能達地理。（《抱朴子》）

（A）英逸之才，非淺短所識
（B）官達者，才未必當其位

（C）小疵不足以損大器，短疢不足以累長才
（D）偏才不足以經周用，隻長不足以濟眾短

※ 蟻：音「蟻」，小蟲。疢：音「趁」，缺。

答案：(D)

🎯 真相揭曉

主旨與證據匹配

比較難判讀的是，選項C中的「疵」意指「缺點」，「小疵」即「小缺點」；而「疢」則指「疾病」，因此「短疢」可解釋為「小毛病」。此外，古文中的「不足」通常有兩種含義：「不值得」或「不能夠」，須根據語境判斷。在此題中，若要作答正確，關鍵在於理解文章透過例子來說明「有專長，但不全面」的道理，即強調個體可能具備優勢，卻仍存有局限。掌握這一主旨，才能正確選擇符合文意的答案。

鬼在哪裡？

#108學年度　#方孝孺　#越巫

明代方孝孺曾記錄了這樣一個故事：

越地有位巫師，宣稱自己擅長驅除鬼怪，而在過去，民眾相信疾病與鬼怪作祟有密切的關係，巫師便利用這種觀念，為那些生病的患者進行一系列的驅鬼儀式——設立祭壇，吹響號角，搖動鈴鐺。

巫師一邊跳躍，一邊大聲喊叫，像在跳詭異的旋轉芭蕾舞，祈求解除災禍和疾病。

如同硬幣的正反面：病人不是幸運痊癒，就是不幸死亡。

病人痊癒，巫師以此接受錢財；病人死亡，巫師瞎掰出各種理由，像是你家的狗妨礙我施法，或是家中的誰沒有誠心正意，總之就是自己沒錯，都是受到外部因素干擾。

日子一久，巫師也相信自己擁有那神祕不可知的力量：「我超會抓鬼，鬼都怕我。」

惡人向來不怕惡人，而是怕比他更惡的人。

幾位不良少年打從心底不相信巫師有法力，計畫懲罰這個宗教騙子，他們找出五、六人，分別藏身在巫師回家路旁的樹上，彼此相隔一里左右，等待巫師經過。

當巫師出現後,他們依序從樹上扔下砂石,製造出一路上都有鬼在作祟的樣子。

巫師以為真的有鬼,吹起號角,逃離現場,害怕到心臟快要跳出來,頭也感到越來越沉重,完全不知道自己已經走到哪裡(你倒是抓鬼啊!)。

走了一段距離,巫師紊亂的思緒稍微平復下來,又發現樹間有砂石掉落,他依舊使出那一千一零一招「吹號角」,藉此對抗想像中的鬼怪。

或許是過度驚恐,或是號角品質太差,巫師吹出歪七扭八的聲音。接下來,巫師持續遭逢類似的狀況,手開始發抖,呼吸開始急促,號角甚至因為手拿不穩而掉落。這時,巫師才想起來還有法器「鈴鐺」,但一樣掉落在地。

終於,巫師在半夜抵達家門口,他大哭敲門,似乎想躲回家中這個避風港。

巫師老婆看見自己丈夫狼狽的模樣,想問清楚到底發生什麼事,可是巫師舌頭卡在嘴巴裡,無法吐出一段完整的語句,只能指著床,斷斷續續地說:「亟扶我寢,我遇鬼,今死矣!」

巫師要求老婆讓自己躺下來,剛剛遇到鬼,所以快要死了。當然,老婆立刻扶他上床,巫師仍處在魂飛魄散的狀態,最終因驚恐過度而死,皮膚還詭異地呈現青紫色;直至死亡的那一刻,巫師仍以為自己遇到了鬼。

巫師靠假裝驅鬼為生,卻因相信真的有鬼而死;虛偽的信仰沒有給予他力量,反而吞噬了自己,使他成為謊言的受害者。

方孝孺似乎想告訴我們，恐懼是迷信的根源，當人們面對未知或無法理解的事物時，常會產生恐懼，進而求助於迷信來尋求安慰或解釋。

迷信在此過程中扮演了傳遞恐懼的角色，隨著口耳相傳、互相告誡，更多人陷入恐懼的漩渦之中。迷信是沒有判斷力的良心，恐懼則往往是造成失去判斷力的原因。

或許，鬼魂都是真的，由愚昧與惡意孵化而成。

> 恐懼是迷信的根源，
> 迷信是恐懼的回聲。

時空謎題

以下兩題為題組。閱讀下文，回答題 1 和題 2。

越巫自詭善驅鬼物。人病，立壇場，鳴角振鈴。跳擲叫呼，為胡旋舞，禳之。病幸已，饌酒食，持其貲去，死則諉以它故，終不自信其術之妄。恆誇人曰：「我善治鬼，鬼莫敢我抗。」惡少年慍其誕，瞷其夜歸，分五六人棲道旁木上，相去各里所，候巫過，下砂石擊之。巫以為真鬼也，即旋其角，且角且走，心大駭，首岑岑加重，行不知足所在。稍前，駭頗定，木間砂亂下如初，又旋而角；角不能成音，走愈急。復至前，復如初，手慄氣懾不能角，角墜；振其鈴，既而鈴墜，惟大叫以行。行聞履聲及葉鳴谷響，亦皆以為鬼號，求救於人

甚哀。夜半抵家，大哭叩門，其妻問故，舌縮不能言，惟指床曰：「亟扶我寢，我遇鬼，今死矣！」扶至床，膽裂，死，膚色如藍。巫至死不知其非鬼。（方孝孺〈越巫〉）

※禳：祈福消災。瞷：音「見」，窺伺。岑岑：煩。

題1 依據上文，對於越巫形象的描寫，最適當的是：
（A）仗恃靈力，脅制鄉里　　（B）惡行易改，心魔難除
（C）設壇召魅，作法自斃　　（D）無知自是，誤人害己

題2 關於上文的寫作手法與文意，敘述最適當的是：
（A）以「相去各里所」暗示少年們對越巫心存畏怯，彼此守望照應
（B）以「即旋其角」、「角不能成音」、「手慄氣懾不能角」描寫越巫因又懼又急而法力愈加減弱
（C）以「且角且走」、「角墜；振其鈴，既而鈴墜，惟大叫以行」表現越巫從試圖自欺到心神失控的狼狽
（D）以「行聞履聲及葉鳴谷響，亦皆以為鬼號」凸顯越巫仍想藉由周遭聲響研判鬼的行蹤，求得活命機會

答案：1.（D）2.（C）

🎯 真相揭曉

題 1：辨識關鍵細節（5WIH）

本題考察越巫的形象，應聚焦於其行為與結果。作答時，須歸納人物特質（Who）、行為（What），避免主觀推測，以文本內容為依據選出正確答案。

題 2：辨識事件順序

作答時應注意文中描述的行動有「先後順序」或「層層推進」的關係，並且觀察整段文字的語言情境，避免將越巫的驚恐誤解為理性判斷（選項 D），或對惡少們的動機做過度推測（選項 A）。

話該怎麼說，才有用？

#110 學年度　#顏之推　#顏氏家訓　#吳訥　#文章辨體序

　　關於怎麼教孩子，顏之推應該很有自己的想法。他的《顏氏家訓》可以看成一本教育指南，不僅提供自己家族子弟人生的建議，同時也可以讓知識分子作為面對困境的參考。

　　在〈省事〉篇裡，如果按照顏之推在文章開頭引用的「無多事，多事多患」一句來看，意思應該是指減少生活中不必要的事情，這樣才能在專業領域上獲得成就。

　　的確，顏之推觀察了一些例子，強調不能將注意力分散在太多的興趣與愛好，因為這會導致自己成為平庸的人。

　　不過，顏之推將話題轉向到政治層面的討論，他認為從戰國時代開始，便有向統治者提出書面意見的作法，到了兩漢後，這已經成為常見的現象。

　　推究這樣的書面意見，顏之推認為可以根據內容歸納成四種人格特質：

第一、諫諍型：勇敢指正統治者。
第二、訟訴型：批評自己的同事。
第三、對策型：說明國家的問題。

第四、遊說型：附帶個人的私利。

顏之推還嘗試解釋不同類型的書面意見，以分辨哪些可以作為真誠的建議，哪些則是為了個人的利益。

但顏之推表示，依照目前的狀況，大家的書面意見似乎傾向以維護個人利益為第一優先，皆是「賣誠以求位，鬻言以干祿」，販賣真誠與良心來獲得政治上的好處，那些書面意見完全沒有任何正面的參考價值，反而影響統治者的判斷，無法審視可能的缺失。換句話說，顏之推似乎又將題目「省事」的內涵，拓展成希望能檢討與審查那些別人告訴自己的各種事情，不要輕易地聽從建議。

因此，顏之推從知識分子的角度出發，認為虛假的建議不僅妨害統治者的判斷，還會危害自己的安全。剛開始時，或許能得到統治者的信任，也得到豐厚的獎賞，但長時間來看的話，依舊會落得被殺的命運──而你永遠無法預測到這件事。接著，顏之推舉了四位歷史人物為例子，佐證自己的看法。

那麼顏之推為何會從專注、不要分心的說法，延伸到這種書面意見的討論之上？

理由大概是，顏之推發現目前的政治人物所提出的書面意見品質極差，雖然數量很多，但完全無法對社會產生好的影響，根本就是認真地寫出一堆垃圾。

與其這樣，不如好好研究一個社會議題，再提出真正有用的解決方案。

對我而言，所謂的「提供建議」是分享個人的想法，同時也是幫助別人釐清腦袋裡的雜訊，給予情感上的支持。那麼，最重要的是以傾聽為開始，以了解對方的需求與觀點。我們常犯的錯誤是太快給予行動方案，這未必是當下最需要的東西，對方更想獲得的可能是信心、安心，以及同理心。

此外，我們應該記住自己的角色是指引，而不是控制。

如果對方問你路該怎麼走，你再指出自己知道的那一條路就好；如果對方只是想留在原地，那你就安靜地陪伴。

有時候，看起來失去方向的人們並沒有真的想要前進，只是想好好休息。

> 好的意見就像準時的手錶，
> 一個就夠了。

古代知識分子強調文章的「形式決定於內容」，根據訊息傳遞對象與表達意圖的不同，選擇最適當的結構組合來達成效果。

明代吳訥的《文章辨體》便是一本說明相關知識的書籍，闡述古典文學的特質、流變，以及各種文學的表現形式。

在這本書中，首先提到的是〈諸儒總論作文法〉，彙整了歷代知識分子寫作古文的基本原則；第一則即引用宋代李耆卿《文章精義》的說法，認為儒家經典是後代知識分子學習模仿的對象，以此為基礎創造出許多不同類型的文章。

一樣是說明文學的源頭與流變，吳訥這次引用的是柳宗元〈楊評事文集後序〉的部分內容：「辭令褒貶，本乎著述者也；導揚諷諭，本乎比興者也。」認為文學有兩種形式，主要分成記錄的文字與吟詠的詩歌，各自源於不同經典，且寫作重點各有差異。若是記錄的文字，便該強調詞句正確、道理完備，適合放在書冊之中隨時翻閱；吟詠的詩歌則是優美清新、語言流暢，容易讓人口耳相傳。

　　比較有趣的是，吳訥也引用了黃庭堅對寫作的看法，他在這裡僅節選一個小段落：「或詞氣不逮初造意時，此病亦只是讀書未精博耳。」若是沒辦法以文字完整表達自己內在的想法，理由很簡單——你就是沒讀書。

　　這段文字出自黃庭堅的〈與王復觀書〉，內容敘述自己收到王復觀新寫的詩作，於是給了一些中肯（狠毒）的建議，認為他的文字跟不上想法，如果能擁有更多知識，那麼就更容易找到適合的詞彙與語句。

　　「長袖善舞，多錢善賈」，這是黃庭堅用來主張多讀書的譬喻，也可以換個角度解釋成「你沒知識，文章不好寫」（我很推薦找〈與王復觀書〉來看，內容真的很直接，最後黃庭堅還說「你要的不是什麼客套話對吧！那我就沒寫客套話了」）。

　　吳訥再次擷取另一位知識分子楊時的文字，提到另外一個重點，認為「大凡為文，須要有溫和敦厚之氣」。知識分子在寫作時，不要使用過於銳利的文字與語氣，試著保持舒緩、誠懇、平實，以及穩定的狀態，避免文字充滿攻擊性或過度批判的語氣，

以免引發對方的反感或對立情緒。

楊時強調，尤其「章疏」這一類文章，因為目的係用來向君王報告事情的文書作業，更該以注意「溫和敦厚」的筆調，否則無法達成良好的溝通效果。

至於你是否同意面對權力者必須以這種態度書寫，那又是另外一件事了。畢竟知識分子壓抑真實的情緒以迎合對方，似乎宣示著自己臣服於權力而失去了自我。

> 沒必要完全遵守寫作的規則，
> 除非你在證明自己考過學測。

時空謎題

題目 下文＿＿內最適合填入的詞語依序是：

甲、上書陳事，起自戰國，逮於兩漢，風流彌廣。原其體度：攻人主之長短，＿＿之徒也；訐群臣之得失，訟訴之類也；陳國家之利害，＿＿之伍也；帶私情之興奪，＿＿之儔也。總此四塗，賈誠以求位，鬻言以干祿，或無絲毫之益，而有不省之困。（顏之推《顏氏家訓》）

乙、大凡為文，須要有溫和敦厚之氣，＿＿告君文字，蓋尤不可無也。（吳訥《文章辨體序》）

（A）諫諍／對策／遊說／章疏
（B）諫諍／章疏／遊說／對策
（C）遊說／對策／諫諍／章疏
（D）遊說／諫諍／章疏／對策

答案：（A）

🎯 真相揭曉

提取明確事實

　　不必緊張，題目不要求深入詮釋，而是判斷詞語功能並對照語境，確保選項符合文章。理解作法後，最大阻礙仍是閱讀文本，這裡補充幾個關鍵字詞：「儔」意為「類」，「塗」通「途」，「賈」、「鬻」皆指「賣」，掌握這些詞義，有助於你未來更精準解題。

創作的真實

#110 學年度　#王夫之　#薑齋詩話

「推敲」的意思是思慮斟酌，而這個詞出自於一則唐代詩人的軼聞。故事從賈島開始，當時他正騎乘在驢背上。如同開車時容易沉浸在屬於自己的空間，他也進入了詩歌的創作領域之中。「鳥宿池邊樹，僧敲月下門。」賈島腦袋浮現了這兩句詩，但又覺得哪裡怪怪的，因為他最初想用的不是「敲」，而是「推」，一時之間無法決定，他便在驢背上不停吟誦，時不時伸手做出推和敲的動作。開車不專心的下場通常是撞到另一輛車，賈島騎驢撞到的，則是當時的京兆尹韓愈。結果韓愈沒有把這場意外放在心上，反倒替賈島在推與敲之間選出了答案：「用『敲』好！」

故事結束，似乎皆大歡喜，王夫之卻不認同：「賈島寫詩，關你韓愈屁事。」

好啦！王夫之沒有說關你屁事，但意思也差不多，認為「僧敲月下門」的故事，只不過是「妄想揣摩，如說他人夢，縱令形容酷似，何嘗毫髮關心？」韓愈憑空想像、刻意揣摩對方的經驗，就像無論多詳細描述他人的夢境，終究不是自己的夢境，跟自己完全沒有任何關係。王夫之強調，明白這個道理的人，能看出賈島在推與敲之間的猶豫不決，是他在做有意識的設想而已，

韓愈的推測已經脫離原始的真實情境。

總之，王夫之認為：

第一、絕對不可能憑想像參與別人的體驗。
第二、不需要刻意地構思或揣摩一個情境。

因此，回到原本故事中的推與敲，到底哪一個比較好，王夫之認為事情很單純，賈島看見的實際畫面，只能是推或敲其中一個，那麼就以真正的狀況為原則，何必再做任何的討論與修改？

真實的景況與真實的情感，就是最高級的創作來源，唯有創作者置身於當下，讓景況與情感自然地引發書寫的欲望，流露自其中的文字才能真正打動人心。既然如此，何必浪費時間與精神進行討論，或是進行刻意的構思。當一切源自於真切的體驗和即興的靈感時，作品便自帶真實的力量。

創作就是發出自己的聲音，沒必要刻意掩蓋自己的聲音。在一個資訊氾濫的世界中，創造迎合流行觀點的內容非常誘人，但真實仍是影響讀者的最強大的方式之一。這樣的文字不僅是傳遞訊息，同時也是連結信任感。此外，審視自己真實想法的過程，需要內省、誠實、勇氣，毫無保留地展現赤裸的全部。

反過來說，以真實作為原則的創作，也有助於進行多元與開放的對話，即使這容易令人感到不舒服。的確，我們一方面擁抱真實，一方面卻也常被真實刺痛。

> 說自己也不相信的話,
> 代表一種懦弱。

時空謎題

以下三題為題組。閱讀下文,回答題1至題3。

甲、一般人不了解文字和思想情感的密切關係,以為更改一、兩個字不過是要文字順暢些或是漂亮些。其實更動了文字,就同時更動了思想情感,內容和形式是相隨而變的。例如韓愈在月夜裡聽賈島吟詩,有「鳥宿池邊樹,僧推月下門」兩句,韓愈建議「敲」字為佳。這段文字因緣傳為美談,於今要把咬文嚼字的意思說得好聽一點,都說「推敲」。古今人也都讚賞「敲」字比「推」字下得好,其實這不僅是文字上的分別,同時也是意境上的分別。

「推」固然顯得魯莽一點,但是它表示孤僧步月歸寺,門原來是他自己掩的,於今他「推」。他須自掩自推,足見寺裡只有他孤零零的一個和尚。在這冷寂的場合,他有興致出來步月,興盡而返,獨往獨來,自在無礙。他也自有一副胸襟氣度。「敲」就顯得他拘禮些,也就顯得寺裡有人應門。他彷彿是乘月夜訪友,自己不甘寂寞,那寺裡假如不是熱鬧場合,至少也有些溫暖的人情。比較起來,「敲」的空氣沒有「推」那麼冷寂。就上句「鳥宿池邊樹」看來,「推」似乎比「敲」要

調和些。「推」可以無聲,「敲」就不免剝啄有聲,驚起了宿鳥,打破了岑寂,也似乎平添了攪擾。

　　所以我很懷疑韓愈的修改是否真如古今所稱賞的那麼妥當。究竟哪一種意境是賈島當時在心裡玩索而要表現的,只有他自己知道。「推」字和「敲」字哪一個比較恰當,關鍵在於哪種境界是他當時所要說的且與全詩調和的。在文字上推敲,骨子裡是在思想情感上「推敲」。(改寫自朱光潛《談文學》)

　　乙、王夫之《薑齋詩話》云:「『僧敲月下門』,只是妄想揣摩,如說他人夢。縱令形容酷似,何嘗毫髮關心?知然者,以其沉吟『推』、『敲』二字,就他作想也。若即景會心,則或推或敲,必居其一。因景因情,自然靈妙,何勞擬議哉?」王夫之以為詩中佳境,對詩人而言,不可「預擬」,初無定景,初非想得,否則,「只是措大燈窗下鑽故紙物事」,或者「妄想揣摩,如說他人夢了」。佳句乃當時情景,即詩人「即景會心」、「因景因情」時所拾得,「何勞擬議哉」?(改寫自蕭馳《聖道與詩心》)

題1 甲文朱光潛「懷疑韓愈的修改是否真如古今所稱賞的那麼妥當」的理由是:
(A)用「敲」字不能展現詩人的胸襟氣度
(B)用「推」字與全詩冷寂的氛圍更相應
(C)「敲」字有聲響感,攪擾寺內的莊嚴氣氛

（D）「推」字雖魯莽，但能表達僧人訪友心情

題2 乙文中，王夫之認為「或推或敲，必居其一」的原因是：
（A）若韓愈有近似的經驗，就無須揣摩賈島的實際狀況，可直接選出推或敲
（B）若韓愈能從全詩調和的情境來考慮，就能知道用推或敲，何者意境較佳
（C）若賈島能從傳統佳作中鍛鍊用字技巧，就能輕易選定推或敲，不必詢問他人
（D）若賈島能依據真實經驗，寫出當時景物及內在情感，就能清楚應選擇推或敲

題3 依據甲、乙二文，下列敘述**最不適當**的是：
（A）朱光潛強調文字上的斟酌與推敲，其實更動後表現的是不同的思想情感
（B）王夫之認為在文字上沉吟推敲，即使最終文辭巧妙，仍非出自真實情感
（C）朱光潛懷疑僧敲月下門未必比僧推月下門更好，王夫之則未做高下評判
（D）王夫之、朱光潛均認為推敲文字首重全詩情調一致，才能臻至自然靈妙

答案：1.（B）2.（D）3.（D）

◎ 真相揭曉

題 1：提取明確事實

　　甲文為現代文本，判斷關鍵在「懷疑韓愈的修改是否真如古今所稱賞的那麼妥當」。此外，原文前的「所以」表明此句為結果，應回溯上文尋找原因，以確認正確答案。

題 2：提取明確事實

　　「或」意指「至少有一個成立」，因此「或推或敲，必居其一」表示「推」與「敲」必有一個是正確答案。王夫之為何如此肯定？關鍵在於前提「即景會心」，即根據當時情境來理解詩句。此題要求從結論回溯前提，但若缺乏翻譯能力，便難以確認答案。

　　此外，王夫之的觀點由蕭馳引用，因此，即便無法直接讀懂古文，仍可從蕭馳的說明推斷。「佳句乃當時情景」便是解答的關鍵，提示應該基於詩句所處的具體情境來判斷。

題 3：提取明確事實

　　要求在甲文與乙文之間來回比對，找出異同點，並檢查選項是否換句話說或有細微差異，確實容易讓人感到煩躁。但既然「不適當」選項往往涉及錯誤對應、過度延伸或刪減重點，最有效的方法還是保持耐心，逐步核對文本（或許除了學習知識，也該學習耐心）。

你得知道該往哪裡走

#110 學年度　#戰國策　#南轅北轍

　　戰國時，魏國安釐王計畫攻打趙國首都邯鄲，大臣季梁認為這是一個很糟糕的主意，果斷中止了原定的旅程，半路折返回魏國。

　　季梁之所以反對這項計畫，大概是魏國與趙國關係並不差，還曾經一起攻打韓國；而安釐王的異母弟弟信陵君也與趙國有十分密切的往來──雖然這對兄弟彼此毫無信任基礎，互相認為對方另有所圖，終其一生都在明處與暗處之間爭鋒相對。

　　急忙返國的季梁，衣服皺巴巴的來不及整理，頭上還沾上不少路上的沙塵，可見他非常擔心目前的魏國狀況。

　　季梁為了說服安釐王，便以自己在路上見到的一位怪人做例子，此例子編造的機率很高，但有達到連結生活情境以引起動機的作用。

　　季梁說，自己看見一個怪人在大路上，正駕車往北方前進，而奇怪的地方在於──那人要到南方的楚國。

　　這不免令人感到疑惑：目的地在南方，往北走幹什麼？

　　如同你想要強壯結實的身體，但你為什麼在吃洋芋片？你想要考高分，但你為什麼把時間都花費在滑手機看短影片？

回到季梁與怪人的對話。怪人解釋：「我的馬跑很快！」

季梁提醒：「很快，但你走錯方向了。」

「我的旅費很多！」

季梁不可置信：「很多，但你走錯方向了。」

「我的司機很厲害！」

已經無力反駁的季梁，在此做出一個結論，認為很快的馬、很多的旅費、很厲害的司機，三者確實是不錯的旅行條件，但在方向錯誤的前提下，這樣的旅行條件反倒讓人加速遠離目的地。

同樣的，今天你安釐王有成為霸王的目標，也想取得天下人的敬仰與崇奉，但你想倚仗國家的強大軍事力量，占領趙國的首都，打算以此得到更多的土地與名聲，顯然是弄錯了方法。類似的舉動越多，距離成為霸王的目標越遠；正如同往楚國的道路不在北方，稱霸天下的途徑也不在於侵略與征戰。

總之，對一個國家來說，每當統治者產生吞併他人土地的欲望時，便是朝著錯誤方向踏出一步。

幸好你可以記住這件事，即使你偏離了正確的道路，隨時都可以回頭重新開始。不論你走了多遠，重新設定方向和調整的機會永遠存在。持續地檢視自己的腳步是否仍在正確的道路上，絕對沒有浪費時間，此是累積智慧與經驗的過程。正是透過這些微小而謹慎的檢查，真正的進步才得以實現。

另外需要注意的是，如果你有能力改變人們的方向，拜託先確定他們真的走錯了。

> 如果走錯方向,
> 速度毫無意義。

時空謎題

以下兩題為題組。閱讀下文,回答題 1 和題 2。

魏王欲攻邯鄲,季梁聞之,中道而反。衣焦不申,頭塵不去,往見王曰:「今者臣來,見人於大行,方北面而持其駕,告臣曰:『我欲之楚。』臣曰:『君之楚,將奚為北面?』曰:『吾馬良。』臣曰:『馬雖良,此非楚之路也。』曰:『吾用多。』臣曰:『用雖多,此非楚之路也。』曰:『吾御者善。』此數者愈善,而離楚愈遠耳。今王動欲成霸王,舉欲信於天下;恃王國之大、兵之精銳,而攻邯鄲,以廣地尊名。王之動愈數,而離王愈遠耳,猶至楚而北行也。」(《戰國策》)

題 1 上文特意描繪季梁往見魏王時「衣焦不申,頭塵不去」的形象,主要在凸顯:
(A) 個性率真,不重外貌衣著
(B) 君臣親密,不拘繁文縟節
(C) 事態緊急,不暇梳洗更衣
(D) 旅途艱辛,不辭跋山涉水

題2 下列敘述，最符合上文所欲表達觀點的是：
（A）前車之鑑，可以為師　（B）欲速不達，弄巧成拙
（C）緣木求魚，徒勞無功　（D）駑馬十駕，功在不舍

答案：1.（C）．2.（C）

🎯 真相揭曉

題1：辨識關鍵細節（5W1H）

　　與其說是翻譯「衣焦不申，頭塵不去」的意思，不如說是希望你注意到「中道而反」。為何季梁中途折返？根據前文，發現原因是「魏王欲攻邯鄲」，所以可以推知季梁對此事有意見，才會取消原本行程；而從後文的對話中，確認季梁目的是阻止魏王的決定。

題2：主旨與證據匹配

　　這題討厭的是引號裡面再夾引號，閱讀起來十分吃力，但其實也只是季梁在轉述自己和路人的對話，能夠分辨其中的『』各自是誰在說話，便能還原經過。此外，季梁也為這次對話做出心得總結，以此來對照魏王決策上的錯誤。通常啦！不敢說絕對，如果是對話型的敘述結構，重點都在最後一句話；若是後面還有補充說明，也會是全文的重點。

　　此外，有些人不是看不懂題目中的故事，而是看不懂選項，那麼該做的就是擴充自己的成語知識，而這只能仰賴記憶了。

視角越廣，處理越好

#110 學年度　#章學誠　#文史通義

在《呂氏春秋》中有一則故事，大意是說有人宣稱自己已掌握死而復生的方法。在漫畫裡，這通常是禁忌之術，連等價交換的煉金術士也做不到。

旁人忍不住詢問原因，才知道那個人認為，既然能用藥治療半身不遂的問題，那麼把藥量加倍就可以了，畢竟死亡等於全身不遂嘛！

這種思維邏輯，如同商品一件五折，兩件就免費──完全胡說八道。

因此，清代的章學誠藉此故事，說明「天下有可為其半而不可為其全者」的道理，認為世上有些事只能做到一半，無法要求全部完成。能力有其極限，超越這個極限，就是愚蠢的災難。

另外，章學誠也表示「天下有可為其全而不可為其半者」，世上也有些事必須做到全部，卻不能只做一半。

他舉了一個生活實例：砍柴的樵夫挑著兩邊一樣重的木柴，可以用非常快的速度行走，但若是去掉其中一邊的柴，反而無法繼續走路。或許有人認為樵夫力氣不足，但是因為兩邊的平衡被打破，導致現在的狀況不再允許他繼續維持原本的動作。

換句話說，很多時候我們必須顧及整體的狀況，不太能隨意將其切割，僅處理當中的一小部分，否則會阻礙事情的前進。

　　在社會風氣的流行之下，往往會帶來一些負面的影響，那些知識分子之所以發表言論，便是為了糾正這些問題，希望能導正價值觀。

　　然而，章學誠沉重地說：「君子立言以救弊，歸之中正而已矣。懼其不足奪時趨也，而矯之或過。」有些時候，知識分子會過度擔心，總覺得自己不足以改變現況，執著於加倍努力便能達成目標的想法，進而出現太激烈的行動，反倒是產生另一種類型的負面影響，甚至造成社會的對立與衝突，不僅無法促進真正的理解，反加深彼此的分歧與矛盾。

　　是的，你的加倍努力不會有預期的效果，正如同那位妄想使用兩倍藥量起死回生的人一樣。

　　麻煩的是，不夠努力也不可以。

　　「僅取救弊，而不推明斯道之全量」，若僅僅為了迅速解決問題，而不思考完整、持續的解決方案，最終也會製造出更大的困境。

　　就像減少其中一邊的柴薪，初衷係為了體恤樵夫，想藉此降低他的負擔，沒想到事情卻沒那簡單，反而造成更嚴重的狀況。

　　或許，教育現況也是如此，為了解決學生的學習壓力，想要簡化課程與降低考試的頻率，但沒有考慮課程深度與廣度，之後他們才發現自己缺乏基礎知識，學習上更有挫敗感，失去了提升的可能性。

我們不得不承認，許多人生的問題其實根本沒有正確解答。這不代表我們應該放棄思考與行動，除了想要解決問題之外，還要理解、批判，以及持續改進。

承認自己能力上的限制，更客觀地審視現實，學會接納不確定性，再進行一次又一次的試探與修正。

很殘酷地說，你很努力，也很善良，但在解決問題的過程裡，自己很可能不小心成為問題的一部分。

> 你很努力也很善良，
> 卻未必能解決問題。

時空謎題

題目 依據下文，最符合主旨的敘述是：

> 天下有可為其半而不可為其全者，偏枯之藥可以治偏枯，倍其偏枯之藥不可以起死人也。天下有可為其全而不可為其半者，樵夫擔薪兩鈞，捷步以趨，去其半而不能行，非力不足，勢不便也。（章學誠《文史通義》）

（A）再珍貴的藥材亦無法起死回生，面對死生窮達，當樂天知命

（B）行百里者半九十，不能成事者多因半途而廢，並非力不能及

（C）應世處事不能拘執一方，必須衡量狀況，審時度勢以制其宜
（D）圓滿或缺殘非由表象判斷，而是取決於主體如何處理和定義

答案：（C）

◎ 真相揭曉

主旨與證據匹配

建議先找出文章中結構相似的語句，如「天下有可為其半而不可為其全者」與「天下有可為其全而不可為其半者」，這顯示作者想對比兩種不同的觀點。通常，作者在提出觀點後會接續證據（例子）來佐證，如文中的「藥」與「樵夫」相關語句，可幫助理解論點。若能從例證回推作者的大意，解題會更順利；若連這部分都無法理解，那可能只得靠運氣選答案了！

第 2 章
誤導的證據

誤導的證據,就像海市蜃樓,
引誘你走向錯誤的方向,消耗你的時間和精力。
——《水泥中的金髮女子》,麥可・康納利

調查指南

偵探這樣做
調查案件時，偵探可能會遇到看似合理卻具有誤導性的線索。這些線索表面上符合邏輯，甚至與案件細節相符，實際上卻會讓推理偏離正確方向。因此，偵探必須具備辨識真偽資訊的能力，以避免被干擾線索誤導。

學生這樣做
解讀考題時，學生可能會遇到表面合理卻暗藏誤導的選項或文字敘述。這些內容看似與原文相符，甚至符合邏輯推理，實際上卻可能扭曲重點或偏離核心訊息。因此，學生必須具備精準辨識資訊的能力，以避免被錯誤選項與文字敘述影響理解。

📍閱讀重點

- **精準理解字義**──注意古今詞義的變化、多義詞的不同解釋，以及詞彙在不同語境下的特殊用法，避免因誤解詞義而影響整體理解。
- **識別出題者的選項敘述**──出題者常透過現代語境或普遍認知設計選項，使其看似符合邏輯，卻與原始文本語境不符。

因此，考生須精準對照原本的文章，避免受到直覺判斷影響。

📍 問題類型

- **區分字詞義**——同一個詞，放在不同時代、不同語境下，意思可能差很多。所以你要根據文章裡的上下文，判斷它在那段話裡的「真正用法」，關鍵就是：不要靠感覺猜，要根據原文判斷。誤會字詞義，很容易整題都答錯。
- **選項陷阱**——有些選項看起來「好像很合理」，但其實是陷阱！這類陷阱常見幾種手法：利用你熟悉的現代觀念（例如自由、正義）、玩弄刻板印象（例如主角一定是對的），以及用直覺來誤導你選出「看起來像對的選項」。

誰是笨蛋？

#105 學年度　# 侯白　# 啟顏錄

　　這是一則笑話，出自隋代侯白的《啟顏錄》，所謂「啟顏」有「容顏開朗」的意思，常用來形容心情愉快。但關於這一則笑話，我其實不知道笑點在哪裡，可能隋代人的笑點比較特殊吧。故事從一位山東男子娶了蒲州女子開始，不知道什麼緣故，蒲州當地的女子多有頸部長囊狀瘤的問題，這位山東男子的岳母也是一樣，而且她脖子上的贅瘤十分明顯。

　　結婚後幾個月，山東男子的岳父心中冒出一個懷疑的問號：「我女婿是不是笨蛋？」或許是山東男子反應慢了些，也或許是話少了些，畢竟真正的笨蛋應該不需要等到幾個月後才會發現，只要安靜幾分鐘，就可以從他的眼神讀出無知的訊號。

　　當然，我更認為只有笨蛋才能辨識另外一個笨蛋，所以不要太常說別人笨啦！

　　岳父心眼有點壞，故意邀請親戚一起吃飯，計畫在眾人面前測試自己的女婿，似乎真的期待他是個笨蛋，以此來炫耀個人的先見之明。

　　岳父抓準機會，向女婿提出問題：

　　「聽說你在山東讀書，應該有點知識。你知道鶴為什麼會叫

嗎?」

特別強調「山東」,大概因為那是孔子的故鄉——充滿道德與智慧的應許之地。

來自山東的女婿,完全不能理解蒲州人吃飯為何還要玩「百萬大富翁」的問答遊戲,但還是簡短地說了自己的答案:

「天生的。」

「松柏葉子為什麼到冬天依舊是綠色的?」

「天生的。」

「路邊的樹上為什麼有樹瘤?」

「天生的。」

一連三個問題,女婿都給出同樣的答案,這讓岳父確認了眼前的男人是個笨蛋:

「我看你是不懂喔!你沒資格住在山東這個地方啦!」

岳父臉上帶著嘲弄的表情,說出他所謂的正確答案:「鶴會叫是因為脖子長;松柏葉子冬天仍綠是因為內部堅韌;樹瘤則是因為被車撞到。」

「怎麼可能是天生的啦!」岳父最後還補了這一句,表示否定女婿的說法。這聽起來就像「夏天的手搖飲賣得越好,溺水的人就越多」一樣,兩個現象同時發生,但它們之間並沒有直接的因果關係。

女婿依舊保持禮貌,詢問能否以自己看見的事物作為回覆。岳父仍沉浸在個人的勝利榮光之中,十分大方地表示沒有問題。

「癩蝦蟆會叫,哪裡是脖子長?竹子在冬天仍維持綠色,哪

裡是內部堅韌？你老婆脖子也有瘤，哪裡是被車撞到？」

女婿透過現象的多樣性看出世界的複雜狀態，以實際觀察的例子，指出岳父觀察方式的局限性，暗示自然和人生中的現象並非總能用簡單的連結來解釋。

岳父瞬間理解了問題在哪裡，感到非常難堪與羞恥；本來打算證明對方是個笨蛋，卻沒想到自己才是笨蛋。

優越感往往源自於不安全感。人們很容易將自信誤認為傑出，但兩者本質上並不相同。自信是內在的，是對自己的能力和限制的個人理解。另一方面，優越感往往依賴與追求外部的證據。它以比較為生，要求別人「低於」自己，進而讓這種感覺長時間持續下去。

真正的強大不是勝過另外一個人，應該要提升自己並且帶來正向的影響。

> 無知者最後的避難所，
> 是對知識分子的優越感。

時空謎題

以下兩題為題組。閱讀下文，回答題1和題2。

　　山東人娶蒲州女，（蒲州女）多患瘦，其妻母項瘦甚大。成婚數月，婦家疑婿不慧。婦翁置酒，盛會親戚，欲以試之。問曰：「某郎在山東讀書，應識道理。鴻鶴能鳴，何意？」曰：

「天使其然。」又曰:「松柏冬青,何意?」曰:「天使其然。」又曰:「道邊樹有骨𩨂,何意?」曰:「天使其然。」婦翁曰:「某郎全不識道理,何因浪住山東?」因以戲之,曰:「鴻鶴能鳴者,頸項長;松柏冬青者,心中強;道邊樹有骨𩨂者,車撥傷。豈是天使其然?」婿曰:「請以所聞見奉酬,不知許否?」曰:「可言之。」婿曰:「蝦蟆能鳴,豈是頸項長?竹亦冬青,豈是心中強?夫人項下瘤如許大,豈是車撥傷?」婦翁羞愧,無以對之。(侯白《啟顏錄》)

※ 項瘤:頸瘤。骨𩨂:𩨂音「都」,指樹瘤。

題1 依據文意,選出敘述正確的選項:
(A)岳父為了彰顯蒲州人的聰明博學,故刻意安排即興問答
(B)對岳父的問題,女婿皆以「天使其然」回應,故被嘲笑
(C)女婿四處漂泊,暫時寄居山東,故有「浪住山東」之說
(D)女婿舉出蝦蟆、竹子及新婚妻子為證,反駁岳父的戲謔

題2 女婿面對岳父的戲謔,以岳父的思維模式加以回應,因而改變形勢。下列人物應答時使用的語言技巧,與文中女婿相同的選項是:
(A)(馮諼)辭曰:「責畢收,以何市而反?」孟嘗君曰:「視吾家所寡有者。」
(B)諸葛令、王丞相共爭姓族先後,王曰:「何不言葛、

王，而云王、葛？」令曰：「譬言驢、馬，不言馬、驢，驢寧勝馬邪？」
（C）賈母問他：「可扭了腰了不曾？叫丫頭們搥一搥。」劉姥姥道：「那裡說的我這麼嬌嫩了？那一天不跌兩下子，都要搥起來，還了得呢！」
（D）一個較有年紀的說：「該死的東西！到市上來，只這規紀亦就不懂？要做什麼生意？汝說幾斤幾兩，難道他的錢汝敢拿嗎？」「難道我們的東西，該白送給他的嗎？」得參不平地回答

答案：1.(B) 2.(B)

真相揭曉

題1：區分字詞義

　　這篇文章有兩個關鍵細節須特別注意，否則容易誤解文本：第一，釐清主語，確保發言者的正確對應。由於對話中涉及岳父與女婿，解讀時必須確認誰說了哪句話，避免錯認話語歸屬，導致理解偏差。第二，辨識「天使」的語境含義。現代讀者可能直覺聯想到基督教的「天使」（angel）或皇帝派遣的「使臣」，但文中「天使」的意思是「上天讓它／她這樣」。

題2：跨文本背景對應

　　本題的解題標準明確：找出「用對方的邏輯來反駁對方」的

選項,但困難點在於選項 B 不在課本裡,可能因不熟悉而被忽略,導致錯失正確答案。此外,選項 A 來自〈馮諼客孟嘗君〉,該文真正的反駁技巧出現在後段,此處對話並未使用這種方式,容易讓你誤選。

居家的美學與創意

#114學年度　#李漁　#閒情偶寄　#廳壁

　　在我的求學階段,「四大奇書」一詞很常作為考題出現,指的是《三國演義》、《水滸傳》、《西遊記》,以及《金瓶梅》。由於《金瓶梅》給人色情的感覺,總覺得知識分子(或學校)不應該提及這部作品,所以偶爾有人會誤填為《紅樓夢》。

　　據說「四大奇書」的說法出自於晚明李漁,但他也是引用另一位作家馮夢龍的言論;至於為何要以「奇」標榜這四部小說,大概是那時出版業為了促銷而想出來的手段,更別提以歷史、暴力、奇幻,還有情色為主題的故事,的確能吸引讀者的目光。

　　換句話說,「四大奇書」即是一種廣告的宣傳語;再加上李漁除了創作者的身分外,同時也是著名的出版商,那麼將「四大奇書」與李漁連結在一起,是很聰明的作法。此外,李漁更是一個具有生活品味的文藝中年,他的《閒情偶寄》一書提出了許多關於「美麗」的論述,共分成詞曲、演習、聲容、居室、器玩、飲饌、種植、頤養等八大部門,其中皆蘊含了個人的美學精神與具體實踐。

　　例如,〈居室部・房舍〉中,李漁表示房子不必住得太大。你家如果有好幾百坪,冬天的時候會令人「不寒而慄」;但太狹

窄也有問題，平常自住勉強說得過去，若有客人前來拜訪，會產生「無憂而嘆」的心情：「可憐啊！」

因此，李漁認為，除非你身高像 NBA 籃球明星中鋒一樣，否則略為窄小的房子比較適合正常的體型；只能住低矮的房子也沒關係，可以選擇整理收拾屋內的多餘東西，嘗試「極簡」的生活模式，也會讓房子看起來比較寬敞。

顯然李漁把自己看成住宅改造大師，即使他宣稱「吾貧賤一生，播遷流離，不一其處，雖債而食，賃而居」，窮困到買不起房，只能租屋過日子，但他仍堅持自己獨特的品味，活出與別人不同的生活。

關於房子的構造與空間，李漁關注每一個細節，他曾提及牆壁的意義在於劃分內外，除了實用的功能外，還有「一家築牆，兩家好看」的美觀作用。那麼該如何讓牆壁變得比較好看？在〈居室部・廳壁〉中，他提出以下建議：

- 不宜過於素雅，但也不能太過華麗。
- 可以掛幾幅名家的書畫（實貼比裱軸好）。
- 直接畫圖在牆壁是最佳選擇（五歲的兒童表示開心）。
- 加入可愛小動物（吉×卡哇）。

最後一點便是李漁的巧思，他強調自己喜歡鳥，卻又不愛把鳥養在籠子。他想了一個方法，先在牆壁上畫出被煙霧繚繞的奇異花木，接著選擇其中的一根樹木枝枒，插入特製的橫桿，再

將鸚鵡豢養其上,這樣繪畫與生物便能「互相映發,有如一筆寫成」。

朋友只要來拜訪李漁,看到眼前的景象,本來正在專心欣賞壁畫,卻沒想到畫中的鸚鵡竟然展翅欲飛,大家都驚呆了:

「這也畫得太像!」

「啊!真的是鸚鵡。」

「虧你想得到。」

然後便是傳來一陣表示讚嘆的掌聲,相信此時李漁的嘴角一定忍不住上揚,比 AK-47 的自動步槍還難壓下來。

> 一個人的品味存在於頭腦之中,
> 是知識與經驗的產物。

時空謎題

以下兩題為題組。閱讀下文,回答題1和題2。

廳壁不宜太素,亦忌太華。名人尺幅,自不可少,但須濃淡得宜,錯綜有致。予謂裱軸不如實貼;軸慮風起動搖,損傷名跡,實貼則無是患,且覺大小咸宜也。實貼又不如實畫,「何年顧虎頭,滿壁畫滄洲」自是高人韻事。予齋頭偶仿此制,而又變幻其形,良朋至止,無不耳目一新,低回留之不能去者。

因予性嗜禽鳥,而又最惡樊籠,二事難全,終年搜索枯

腸,一悟遂成良法。乃於廳旁四壁,倩四名手,盡寫著色花樹,而繞以雲煙,即以所愛禽鳥,蓄於虯枝老幹之上。畫止空跡,鳥有實形,如何可蓄?曰:不難,蓄之須自鸚鵡始。從來蓄鸚鵡者必用銅架,即以銅架去其三面,止存立腳之一條,並飲水啄粟之二管。先於所畫松枝之上,穴一小小壁孔,後以架鸚鵡者插入其中,務使極固,庶往來跳躍,不致動搖。松為著色之松,鳥亦有色之鳥,互相映發,有如一筆寫成。

良朋至止,仰觀壁畫,忽見枝頭鳥動,葉底翎張,無不色變神飛,詫為仙筆;乃驚疑未定,又復載飛載鳴,似欲翔翔而下矣。諦觀熟視,方知個裡情形,有不抵掌叫絕,而稱巧奪天工者乎?(節錄自李漁《閒情偶寄・廳壁》)

※ 顧虎頭:東晉畫家顧愷之。滄洲:古稱隱士居住的地方。

題1 關於上文對廳堂壁面的設計,敘述最適當的是:
(A) 風格極簡或華麗皆可接受,但不能缺少名人書畫作品
(B) 書畫貼於壁面以免風吹損傷,且可依喜好來裁切尺寸
(C) 將滄洲直接繪於廳堂壁面,藉此懷念當年相識的舊友
(D) 邀請名家實畫景物於壁面,並融入個人喜好選擇題材

題2 根據上文朋友抵掌稱「巧奪天工」的原因,最可能是:
(A) 觀賞繞以雲煙的花樹與鸚鵡,對畫壁的開創之舉驚為仙筆

（B）肯定主人的創意，既將花樹繪於壁面，又打造鸚鵡的樂園
（C）驚嘆虛實相映的樹林與鸚鵡，理解裝置方法後方恍然大悟
（D）發現裝置能操控鸚鵡，使其動靜自如，顯現主人深知鳥性

答案：1. (D) 2. (C)

🎯 真相揭曉

題 1：選項陷阱

　　選項 A 考察你是否理解「廳壁不宜太素，亦忌太華」的平衡概念；選項 B 則測試你能否解析「不如」的比較關係，進而推論「裱軸遜於貼畫，貼畫遜於實畫」的層級。接著，須理解「何年顧虎頭，滿壁畫滄洲」，透過典故強調壁畫價值；最後確認選項 D 所指的「以個人喜好選擇題材」，實際對應文章中提到的「花樹雲煙」。解題關鍵在於回歸原文語境，避免習慣性理解導致誤判。

題 2：辨識關鍵細節（5W1H）

　　至少須了解「巧奪天工」譬喻人工精妙絕倫，「抵掌」則指拍手稱讚，然後再根據李漁在廳壁上的製作流程（How），判斷朋友（Who）是因哪個部分的巧思而驚嘆（Why），從而做出這樣的舉動與評價。

天上的星星會說話

#112 學年度　#沈約　#宋書　#天文

　　咸安二年正月己酉，歲星犯填星，在須女。占曰：「為內亂。」

　　所謂「歲星」指的是木星，「填星」則是土星，至於「犯」有侵擾或衝撞的意思，在這裡用來表示一顆行星逐漸接近另外一顆行星的運動過程。東晉咸安二年正月，木星接近土星，出現在二十八星宿中「須女」的區域。那時天文機構中的觀測兼占卜專家，會根據星象的運動預知人事的變化，大概有點像今天聽到「水星逆行」，便知道該注意自己的說話與行動；而「歲星犯填星」該注意的，就是內部的動亂。

　　到了五月，木星的形狀和顏色與太白相似。古代的太白便是金星，外觀呈現淡黃色，木星此時應該也是淡黃色。這代表未來會出現兩種可能：壞事消失、壞事發生（這不是廢話嗎？）。

　　六月，太白晝見在七星。乙酉，太白犯輿鬼。占曰：「國有憂。」

　　不過，觀測兼占卜專家還是有提供相對明確的壞事內容：木星在仲夏的時間點停止不動，屬於不正常的狀態，暗示著某位政府官員的力量即將變得強大。

　　六月，白天就能看見金星移動到「七星」的區域；到了乙酉日，金星接近「輿鬼」的區域，觀測兼占卜專家認為：「國家將

有憂患了。」

　　七月，東晉的統治者司馬昱病得很嚴重，這其實只是他第二年坐在國家最尊貴的位置上。據說，司馬昱知道自己快要死了，便在一天之內傳下四道詔書給桓溫，上面寫著：「我想見你，快來！」似乎要拱手讓出國家的權力給桓溫，甚至還說可以視情況取代自己的繼任者：「少子可輔者輔之；如不可，君自取之。」但王坦之不允許司馬昱如此任性，撕毀並改寫詔書內容，從原本的攝政改成輔政，壓制了桓溫可能擴大的權力。

　　附帶一提，王坦之的父親王述很有名，就是那個國中課文裡對雞蛋生氣的男人。

　　這個結果使桓溫非常生氣，他原本預計可以成為新王朝的統治者，畢竟這一路走來，他打倒政敵殷浩、三次北伐、廢黜皇帝，並與司馬昱互相利用這麼長一段時間，也該得到自己追求的目標──皇位。因此，桓溫當然想殺掉王坦之來發洩心中怒火，他帶領部隊進入都城，似乎準備殺死與自己作對的一群人，這正好應驗了「內亂」的預言。

　　古代的文明認為天體的運行，會影響我們的個性、人際關係，甚至生命的方向。畢竟在這一個複雜且充滿不確定性的世界中，人們祈求能夠理解、掌握，以及預先做好準備；似乎只要你了解宇宙越多，就越能了解未來。之所以如此著迷星星與人生的關係，係因為這樣可以提供我們舒適感與控制感，確信即將到來的成功、愛情或穩定，增強自己對有利結果的期待。

　　那麼我們該相信嗎？答案可能取決於我們想向星星尋求什

麼。又或許只不過是找到了一種方式，將看不見的願望投擲到遙遠的銀河裡，那裡什麼也沒有。

> **仰望星空太久，
> 你會忘記腳踏實地。**

時空謎題

以下三題為題組。閱讀下文，回答題 1 至題 3。

2020 年壓軸的天文現象是木星合土星。從地球看，兩顆星在 12 月 21 日的視覺距離僅約 6.5 角分，幾乎黏在一起。由於木星繞太陽一周將近 12 年，土星則要 29.5 年，因此平均約 20 年才會兩星相合。

古人稱一個運動中的天體逼近另一天體曰「犯」，所以史書記載這兩星相合為「歲星（木星）犯填星（土星）」。但哪顆星犯哪顆星，是如何判斷呢？

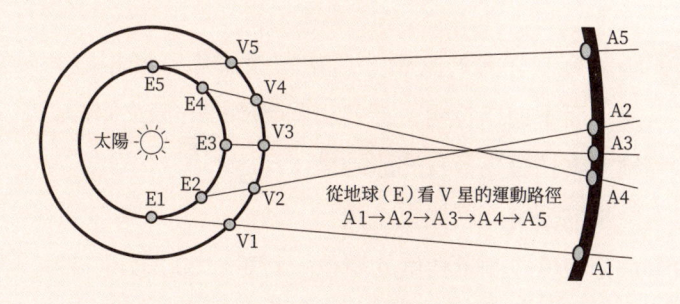

從地球（E）看 V 星的運動路徑
A1→A2→A3→A4→A5

以公轉速度而言,木星比土星跑得快。但因地球軌道短於外側行星的軌道,所以從地球上看V星的運動(如上圖),會發生順行(如 A1 → A2)、逆行(如 A2 → A3)的變化。而當木星在順逆行轉換、看似靜止不動時(古人稱為「留」),視覺上便可能土星快於木星。例如西元 828 年 11 月 5 日到 21 日,明顯是木星順行衝向土星,但 21 到 25 日,卻是土星以反方向接近木星,跑了 2.2 角分,但順行的木星只跑了 1 角分。以現代天文學看,木星每天頂多移動 0.2 度,小於宋元之際觀測誤差,約等於清代觀測誤差。如果真要依據這五天的變化寫誰犯誰,古人恐怕辦不到。

　　古代「填星犯某星」的記載很少,《明實錄》的「填星犯太白(金星)」,到正史中改為「太白犯填星」。又彙整唐代之前國運占星術的《開元占經》,雖有「歲星犯太白」的占辭,但史書向來寫「太白犯歲星」。故可確定快慢印象是判斷誰犯誰的依據。(改寫自歐陽亮〈都是星星惹的禍?木星合土星——歲星犯填星〉)

題1 談論專業知識的文章,通常預設讀者具備相關背景知識,而不加以說明。下列四個已確知的天文學知識,**未被**上文預設為背景知識的是:
(A)金星的公轉速度比土星快
(B)角分與度是測量角度的單位,1 度 = 60 角分
(C)清代的觀測誤差,小於宋元之際的觀測誤差

（D）木星、土星與太陽的距離，較地球與太陽的距離遠

題2 上文舉出西元828年的事例，主要是用來說明：
（A）古代的天文記載常有國運占星色彩，故未必合乎事實
（B）古代觀測技術不如現代精密，但保存的史料有利考證
（C）古人無法完全依據木星、土星的移動速度判斷誰犯誰
（D）古人只知木星、土星同向移動，不知二者會逆向靠近

題3 上文若要介紹「古人如何從木星合土星占驗未來」，並援引下列史事，印證《開元占經》收錄的某項預言，則此預言最可能是：

（東晉）咸安二年正月己酉，歲星犯填星。……七月，帝疾甚，詔桓溫曰：「少子可輔者，輔之；如不可，君自取之。」賴侍中王坦之毀手詔，改使如王導輔政故事。溫聞之大怒，將誅坦之等。

（A）填星與歲星合，相犯為內亂
（B）填星所在，歲星從之，伐者利
（C）填星與歲星合，有軍在外，戰不勝，失地
（D）歲星與填星鬥，此謂離德，不出三月，必有亡國

答案：1.(C) 2.(C) 3.(A)

🎯 真相揭曉

題 1：提取明確事實

　　題目關鍵詞「未被上文預設為背景知識」，即作者是否認為某項資訊需要額外解釋。若文章對某概念進行說明，表示作者認為讀者不一定知道；若未解釋，則代表作者預設讀者應該已知。解題時應對照文本，找出哪些資訊被明確說明，哪些則直接提及而未作解釋，以判斷正確答案。

題 2：選項陷阱

　　所謂「干擾選項」可能利用刻板印象，誤導考生以為古人技術落後或迷信占星。選項 A 聚焦於「國運占星」，但文中未質疑史書的可信度。D 誤導考生以為古人不理解行星逆行，實則文中已討論「順逆行轉換」。C 正確，因順逆行變化導致視覺誤差，古人無法單憑速度判斷誰犯誰，符合文本論述重點。

題 3：跨文本背景對應

　　根據題目，四個選項皆為預言，可先分類其內容：內亂、戰爭、戰爭、亡國，再回到題目提供的史事，觀察該事件與哪則預言相符。這種對應方式直接鎖定關鍵訊息，無須再檢視與地球科學相關的科普內容，避免分心或誤判。

無情的莊子

#107學年度　#莊周　#德充符

　　《莊子》一書中有〈德充符〉篇，內容提及許多面容醜陋、肢體扭曲的怪人，這些怪人往往都體悟了世界真理，而這樣的真理可稱為「德」，「德」充於內而符應於外，便是所謂的〈德充符〉。

　　在〈德充符〉中，惠子和莊子兩個好朋友又在那裡閒聊了，平常他們最喜歡辯論人生的小哲理；但你也知道的，惠子以為自己什麼都了解，最後他總是錯的那一方（沒辦法，《莊子》一書是莊子和他的學生寫的，莊子有主場優勢）。

　　這次的辯論，惠子先發動攻勢：「人本來就是無情的嗎？」（按照熱血漫畫公式，先出招的都會輸。）

　　莊子說：「對啊！」

　　惠子以一種「你看我抓到你了」的表情說：「人如果無情，那還算是人嗎？」

　　莊子回應：「道與之貌，天與之形，惡得不謂之人？」

　　道給了容貌，天給了形體，怎麼可以說不是人呢？人類的存在是自然界的一部分，每一次呼吸與心臟的跳動，都可以作為證明。莊子沒有直接回答有情、無情的問題，只在體貌外型上進行

說明。顯然，莊子在下一盤很大的棋，等待惠子走進正在設置的陷阱裡。

惠子立刻反駁：「既然是人，怎麼會無情？」他認為只要是人類，必然配備情感，又不像買手機可以不附充電器，情感是構成人類的基本元素，兩者無法分開購買。前面莊子提到的「道」與「天」，已經在暗示惠子，認為人的外在形體來自於此，人是自然中的一部分，無論人有沒有情感，本質並沒有改變。

據此，莊子解釋他對於無情的定義：「吾所謂無情者，言人之不以好惡內傷其身，常因自然而不益生也。」

你說的和我說的不一樣啦！所謂「無情」是人不要因為喜歡或討厭的心情傷害自己啦！事情發生就讓他發生，不需要刻意做點什麼讓自己更好。

聽到這樣的說法，惠子立刻不同意：「不讓自己更好，那就爛到死喔？要如何才能好好地活下去？」

莊子依舊平靜地說：「剛才就說了啊！上天已經賦予我們人體，那就不要用喜歡或討厭的心情傷害自己。你現在正絞盡腦汁、耗費體力地想要辯贏我，依著樹幹大聲說話，回到家靠著桌子就睡著了。何必呢？人類身體如果有使用手冊，不是這樣用的啦！」

「情」是人性中最難解的部分，像我們這樣平凡的人，本當該哭就哭，該笑就笑，該大叫就大叫；但事實上，該放掉的偏偏放不掉，該忘記的往往忘不了。哪有辦法超越情感的束縛，讓生命回歸自然的狀態？

換個角度來看,或許莊子所謂的「無情」,沒有要我們壓抑或消除情感,而是想辦法學會不被它影響。

人的心中有隻狂暴的獸,你可以驅逐牠、壓制牠,也可以嘗試與牠和平相處。

> **別讓生命的熱度,
> 燒盡你的平靜。**

時空謎題

以下兩題為題組。閱讀下文,回答題1和題2。

　　惠子謂莊子曰:「人故无情乎?」莊子曰:「然。」惠子曰:「人而无情,何以謂之人?」莊子曰:「道與之貌,天與之形,惡得不謂之人?」惠子曰:「既謂之人,惡得无情?」莊子曰:「是非吾所謂情也。吾所謂无情者,言人之不以好惡內傷其身,常因自然而不益生也。」(《莊子・德充符》)

※无:同「無」。

題1 下列敘述,符合惠子、莊子二人對有情無情看法的是:
(A) 惠子:人的形貌乃根源於無情
(B) 惠子:人既可無情亦可以有情
(C) 莊子:不因情傷天性是謂無情

（D）莊子：順自然而無情不利養生

題2 下列文句中的「與」，和上文「道與之貌」的「與」意思相同的是：
（A）選賢「與」能，講信修睦
（B）可「與」言而不與之言，失人
（C）人知之者，其謂「與」埳井之蛙何異
（D）既以為人，己愈有；既以「與」人，己愈多

答案：1.(C) 2.(D)

◎ 真相揭曉

題1：區分字詞義

我們通常將「無情」理解為「沒有感情」，但在《莊子》中，「無情」指的是「不被情感左右，保持本性不變」，其含義與現代用法不同。這並非單純的冷漠，而是強調擺脫私欲，不受情感束縛，莊周對此有更深（或不同）的詮釋。因此，解讀時應回歸文本語境與思想背景。

題2：區分字詞義

這題只是考字義，多聽、多看、多練就行了！（如果你早已高中畢業，那就……算了。）

固定的形,浮動的理

#108 學年度　# 蘇軾　# 淨因院畫記

宋元豐三年,蘇軾的表哥文同即將遠行,兩人一起到淨因院向住持方丈說再見。這位文同有個可愛的自稱「笑笑居士」,他擅長畫竹,強調畫竹必須先認真研究竹子的型態與生長,進而能在心中建構竹子的完整形象,然後迅速繪製完成,這也是成語「胸有成竹」的典故由來。

有點像漫畫《獵人》中酷拉皮卡修練念能力時,透過長時間的觀察、觸碰、傾聽、聞嗅,甚至品嘗鎖鏈的味道,才能用念化做如真實一般的鎖鏈。

文同沒有念能力,仍透過這種方式培養畫竹子的能力。蘇軾對於繪畫也有自己的見解,他認為人、動物、房屋、器具等都有固定的型態,至於山石、竹木、水波、煙雲,儘管沒有固定的型態,卻有固定的道理。

「常形之失,人皆知之。常理之不當,雖曉畫者有不知。」那種有固定型態的事物,只要畫錯了,大家一看就知道。例如你畫隻貓,幫牠加上翅膀,這很明顯就是畫錯了,雖然很可愛,但還是不符合正確的形象(雖然貓是液態,可以變化多端)。

至於那些有固定道理的繪畫方式,尤其是不可捉摸、不可預

測的自然景物，像是雲霧、流水、風的流動，其中隱藏某種規律的變化，即使並未掌握得當，也不是那麼容易被發現──具體的錯誤容易被發現，抽象的偏差則往往隱藏在細節中。

據此，蘇軾得出一個結論：故凡可以欺世而取名者，必託於無常形者也。

謊言往往藏在虛浮空泛的道理之中。能欺騙世人並獲得名聲的人，必定依賴於那些沒有固定型態的事物。

回到繪畫來看，固定型態的錯誤只會局限於一個小地方，並無法損害整體；但如果畫中有不合常理的地方，那麼整幅畫就完蛋了。大概有點接近寫作文這件事，寫錯字就只是一個錯字；但寫作內容偏離題旨，這篇文章就是零分。

由於沒有固定不變的型態，因此道理一定要謹慎把握。我對東方繪畫不是很熟悉，粗淺地認為這應該是在談論畫面的構成，例如留白這種表現形式，能讓畫面有更多的呼吸空間，延展更多的想像意境。可是一旦失誤，整體便會失去平衡，破壞畫面的和諧。

進一步說，普通的藝術工作者中，有些人能完全掌握固定型態，準確且豐富地呈現各種事物，若要了解抽象的道理──自然的內在規律和意境，必須是非常厲害的藝術工作者，才能辨識其中微妙的差異。

然而，能夠看穿這些抽象規律與本質的人畢竟是少數。更多時候，人們只能依賴被塑造出來的表象來理解這個世界。

世界很大，真實和混亂的道理夾雜在一起，組成了看似合理

的謊言。那些騙子為人們重塑生活的定義，精心打造出一層膚淺的假象。

弱者以為自己很安全，愚者覺得自己很聰明；平庸被重新包裝成與眾不同，無知則被當作智慧的象徵。

虛假的道理從來不修復任何東西，只是假裝一切都很好。

> 小心那些講道理的人，
> 他們可能在製造謊言。

時空謎題

題目 依據下文，**不符合**文意的解說是：

余嘗論畫，以為人禽宮室器用皆有常形。至於山石竹木、水波煙雲，雖無常形而有常理。常形之失，人皆知之。常理之不當，雖曉畫者有不知。故凡可以欺世而取名者，必託於無常形者也。雖然，常形之失，止於所失，而不能病其全，若常理之不當，則舉廢之矣。以其形之無常，是以其理不可不謹也。世之工人，或能曲盡其形，而至於其理，非高人逸才不能辨。（蘇軾〈淨因院畫記〉）

(A) 畫作成敗的關鍵，往往在於常理得當與否
(B) 常形失誤，較常理失當容易被一般人發現
(C) 欺世盜名的畫作，往往以無常形之物掩飾不足

（D）高逸者多繪山石竹木、水波煙雲，故能辨常理

答案：(D)

◎ 真相揭曉

選項陷阱

　　選項 D 的「故」意為「所以」，使「能辨常理」成為推論的結論。然而對照原文，這句話暗示高逸者因多繪「山石竹木、水波煙雲」而「故能辨常理」，卻與原文邏輯不符。文中強調的關鍵在於「只有高人逸才才能辨常理」，即辨識常理取決於個人才華，而非繪畫題材的選取。選項的干擾也來自於當代對學習的刻板印象（多做就能精通），但原文並未支持這種推論。

你為了什麼開始寫作？

#110 學年度　# 曾鞏　# 答李沿書

　　我的學生會拿在家／補習班寫好的作文請我幫忙批改，可能是手寫的作文紙，或是用電子郵件寄來個 word 檔。

　　古人要找到專家幫忙批改，也得寫一封信件再附上自己的作文，而且信件內容通常會充分展現出禮貌。我的學生偶爾會忘記這件事，甚至連自己的名字也沒提到。

　　這次，北宋曾鞏收到李沿的信和作文，也回覆了一些建議，他先謙虛自己稱不上李沿說的「以文章聞名天下」，再強調禮貌過了頭，讚美便會不夠真實。

　　接著，曾鞏肯定李沿有「憫時病俗」的理想，認為這乃是追求正道的表現，自己十分喜愛也敬畏這種態度。

　　根據李沿的信件內容，曾鞏特別回應其中結尾處的關鍵問題：「文字太差怎麼辦？」

　　曾鞏覺得，李沿的態度很矛盾，信中說自己想追求正道，可是提出的問題卻是關於文字的好壞，這樣似乎過於專注於淺薄的表面，而忽略了深層之意。

　　是的，李沿面對理應趕快處理的事情，反而放慢了速度。

　　關於獲得正道的方式，沒有其他辦法，就是以心靈理解，

用身體實踐，進一步推廣至國家天下，而不是在意那點小小的文字。換句話說，曾鞏認為：先充實自己的知識、見解，以及想法，再磨練文字和語句。文字是最不得已的事情，正如同孟子說：「予豈好辯哉？予不得已也。」這就是孟子厲害的地方，懂得言詞文字僅是一種工具，最重要的是掌握道理，若是能夠表達道理，言詞文字就不是那麼需要在意的部分。

曾鞏建議李沿思考三個問題：

一、理解正道了嗎？
二、實踐正道了嗎？
三、推廣正道了嗎？

最後才再來討論自己有沒有不得已追求文字的狀況。倘若距離正道還很遙遠，那為什麼要這麼急於講究文字呢？

曾鞏又引用孔子的話語：「古代的學者是為了修養自己的品格，而現代的學者則是為了他人的讚美。」藉此小小地批評了李沿，希望他思考一下自己是否也有類似的狀況。

批評完還是要給個「呼呼」，曾鞏表示：「足下之有誌乎道，而予之所愛且畏者不疑也。」他從沒懷疑過李沿對於正道的熱情，並再次強調自己的喜愛和敬畏，畢竟堅持理想與信念並不是什麼太容易的事。最後，曾鞏溫和地表示，希望李沿再想想學問的根本，並努力去充實它，那麼將來我必定跟著你的腳步，又怎敢以你的老師自居呢？

結尾處曾鞏留下「不宣」二字,這是古代朋友間書信的結尾用語,代表自己的話已經說完了。類似現在的:好了,不多說了。

創作就是將抽象的事物帶入現實世界,將無形變成有形的過程。文字需要思想作為船錨,賦予它們重量和目的;而如果沒有文字釋放思想,思想就會被隱藏起來。因此,一個想法的力量在於它的傳播,必須透過口頭、書面或其他方式表達,進而對其他人產生影響。透過書寫,不僅聯繫了個人與社會,甚至能跨越時間與空間。

事實上,要有一個好的想法很難,但把這個好的想法裝進好的文字裡,也很難。

> **沒有思想的文字是空洞的回聲,**
> **沒有文字的想法是無聊的沉默。**

時空謎題

以下兩題為題組。閱讀下文,回答題 1 和題 2。

夫足下之書,始所云者欲至乎道也,而所質者則辭也,無乃務其淺,忘其深,當急者反徐之歟!夫道之大歸非他,欲其得諸心,充諸身,擴而被之國家天下而已,非汲汲乎辭也。其所以不已乎辭者,非得已也。孟子曰:「_____」此其所以為孟子也。今足下其自謂已得諸心、充諸身歟?擴而被之國

家天下而有不得已歟?不然,何遽急於辭也?(曾鞏〈答李沿書〉)

題1 上文_____內最適合填入的文句是:
(A)予豈好辯哉?予不得已也
(B)無辭讓之心,非人也
(C)不以文害辭,不以辭害志
(D)盡信書,則不如無書

題2 依據上文,曾鞏主要是想提醒李沿:
(A)治天下應恤民重諾　(B)寫文章應深入淺出
(C)讀書不宜欲速躁進　(D)為學不宜捨本逐末

答案:1. (A) 2. (D)

◎ 真相揭曉

題1:選項陷阱

　　「填空」題型通常建議根據前後文的脈絡判讀,但陷阱也隱藏其中。由於文中有「不已乎辭」一句,題目特意設計 A、B、C 三個選項皆包含相關字詞,卻賦予不同解釋,不熟悉字義或《孟子》的學生便容易產生混淆。此外,部分學生可能反向推測,認為正確答案應避開這些關鍵詞,進而選擇與文本表面無關的選項 D。然而,考試並非運氣遊戲,與其猜測,不如回歸文本語境,

以理性分析確保正確答案。

題2:主旨與證據匹配

文章中並未直接出現「本」與「末」等關鍵詞,因此須真正理解文意才能選出正確答案。若不想細讀全文,可聚焦於最後出現的三個問號,若能辨識其為「反詰」語氣,也能作為判斷依據。

背得快，不代表學得好

#111學年度　#鄭燮　#濰縣署中寄舍弟墨第一書

　　來了！來了！「滋事」型知識分子鄭燮來了，他準備告訴堂弟有關學習的原則——快速背誦沒有意義。

　　千萬別覺得看一次就記起來有多了不起，眼睛看得很清楚，心裡仍然很模糊，你的心根本容納不進太多東西；就好比滑著手機、看著上頭的 IG 網美，一下就從你眼底迅速滑過，完全記不起來剛剛看到的那位美女到底是誰，無法與自己的大腦產生任何連結。

　　鄭燮為了讓堂弟理解，於是幫他複習一次歷史課：儒家神話中最強的人物孔子，號稱看過就不會忘記。雖然不知道鄭燮讀的是哪本歷史課本，而且我自己沒印象孔子有這麼厲害的記憶力，但儒家神話嘛！扭曲事實是很正常的。

　　無論如何，鄭燮提到孔子，依舊是想強調記憶力再好，仍得持續反覆閱讀書籍，如同孔子閱讀《易經》也是如此，直接把《易經》翻到爛掉；儘管那本書根本沒幾個字，但孔子仍十分深入地鑽研裡面的內容，而且越是鑽研，越是觸碰不到知識的盡頭。

　　學學孔子，孔子認真讀書。

再來一個例子，蘇軾讀書不必讀第二遍，但他在翰林院閱讀〈阿房宮賦〉直到凌晨三點。旁邊幫忙的老公務員覺得這也太誇張了，難道自己不用下班嗎？你蘇軾老大不用睡覺嗎？

是的，蘇軾澈底品嘗到知識的喜悅，沒有絲毫睏意，所以怎麼能因為看一遍就記得，進而隨便地結束自己的學習呢！

鄭燮認為，難道你想學虞世南、張睢陽、張方平這些看書從不看第二遍的知識分子，卻從此再也沒有寫出好文章嗎？

更何況，因為只要看一次就會記得，就會有什麼都想記住的缺點，不小心把自己當成人體硬碟了。

問題在於，一本書沒必要全部看完，甚至全部記得。鄭燮認為〈項羽本紀〉是《史記》中最好的一篇，但這麼好的文章值得讀的部分，也不過就只有「鉅鹿之戰」、「鴻門之宴」，還有「垓下之會」值得一看再看，所有快樂與悲傷都在這些片段中了。硬要讀完整部《史記》，只有笨蛋才會這樣做的事。

更別提那些品味很差的小說、戲曲，以及打油詩，如果全都放進腦袋裡，鄭燮表示：「這像是破爛的櫥櫃，裝著壞掉的油與醬，臭死了。」

人們過度崇拜良好的記憶力，認為這是上天給予的禮物，標誌著卓越的智力，以及邁向成功的工具。隨著科技的進步，資訊隨處可及，開始從原本習慣將事實儲存在我們的大腦中，逐漸轉向評估、應用與批判性思考。

這樣的變化，也促使我們重新思考：記憶力真的那麼重要嗎？

出色的記憶力往往伴隨著大量資訊的堆積，包括瑣碎或不相關的細節。這可能會導致認知超載，大腦中充斥著細節，卻很難專注於真正重要的事情。

或許，學會不用力記住一切事物，反而能清出更多空間，放進更多新的、重要的東西。

> **學習不是往腦袋塞滿資訊，而是保持想知道更多的欲望。**

時空謎題

以下兩題為題組。閱讀下文，回答題 1 和題 2。

　　讀書以過目成誦為能，最是不濟事。眼中了了，心下匆匆，方寸無多，往來應接不暇，如看場中美色，一眼即過，與我何與也。千古過目成誦，孰有如孔子者乎？讀《易》至韋編三絕，不知翻閱過幾千百遍來，微言精義，愈探愈出，愈研愈入，愈往而不知其所窮。雖生知安行之聖，不廢困勉下學之功也。東坡讀書不用兩遍，然其在翰林讀〈阿房宮賦〉至四鼓，老吏苦之，坡洒然不倦，豈以一過即記，遂了其事乎！惟虞世南、張睢陽、張方平，平生書不再讀，迄無佳文。且過輒成誦，又有無所不誦之陋。即如《史記》百三十篇中，以〈項羽本紀〉為最，而〈項羽本紀〉中，又以鉅鹿之戰、鴻門之宴、垓下之會為最。反覆誦觀，可欣可泣，在此數段耳。若一部

《史記》，篇篇都讀，字字都記，豈非沒分曉的鈍漢！（鄭燮〈濰縣署中寄舍弟墨第一書〉）

題1 上文對「讀書」一事的舉證與說明，敘述適當的是：（多選）
（A）以孔子讀《易》韋編三絕為例，說明孔子讀書有過目成誦的本領
（B）以蘇軾讀〈阿房宮賦〉為例，說明夜闌人靜時更能領略讀書況味
（C）以孔子和蘇軾為例，說明讀書貴在鑽研不懈，而非只是迅速瀏覽
（D）以虞世南書不再讀而迄無佳文為例，說明盡信書不如無書的道理
（E）以〈項羽本紀〉的內容情節為例，說明讀書必須懂得慎擇和精讀

題2 書信語言必須考慮寫信人與收信人的身分、關係。若依據上文鄭燮寫信給堂弟鄭墨的情境，適當的「信封啟封詞／提稱語／結尾頌詞」是：（多選）
（A）大啟／左右／大安　　（B）臺啟／足下／近安
（C）敬啟／惠鑒／文安　　（D）鈞啟／如晤／勛安
（E）收啟／壇席／福安

答案：1.(C) (E) 2.(A) (B)

🎯 真相揭曉

題1：選項陷阱

　　本題的干擾選項利用刻板印象、關鍵詞誤導與因果混淆，讓考生偏離原文含義。A 誤導考生認為孔子「過目成誦」，實則強調反覆研讀。B 利用「夜讀」吸引注意，但蘇軾讀書重在鑽研，而非環境因素。D 錯用「盡信書不如無書」，與原文無關。

題2：提取明確事實

　　國學常識這種東西，請自己翻開課本或講義重讀一遍，真的不難。同樣的，如果你不是考生，就當我沒說。

旅遊的品味與品質

#114 學年度　　#王思任　　#遊杭州諸勝記

　　晚明王思任的〈遊杭州諸勝記〉完全是一篇旅遊指南文，裡面記錄了杭州各處名勝古蹟，寫作形式幾乎都是先提及那些地點的名稱，再敘述其中的山水景觀、歷史軼聞，以及個人心得。如果以這種寫作形式繳交國小的暑假遊記作業，老師可能會覺得「只是把景點羅列一遍，沒有情感、沒有生動的描述」，然後在評語裡寫上加上一句「請勿抄襲旅遊手冊」。

　　但放在王思任的思考脈絡之中，以簡潔、真實、還有客觀的方式再現地理環境與歷史資訊，未必不是一種有趣的記錄方式，更何況他曾自評「骨傲口不馴」，在創作上展現個人的叛逆特質，也是很合理的事情。

　　回到〈遊杭州諸勝記〉，王思任一開始便提及「吳山」是個好地方，他自己曾住在附近的「三茅宮」，認為這裡的景觀適合做點什麼大事，非常想購買土地來經營民宿之類的；沒想到地主開出的價錢太高，加上三不五時又有黑道流氓在附近遊蕩，他只好打消念頭。等等，這不是一篇山水遊記嗎？不是應該多一點氣質與品味，怎麼寫不到二十個字，就提到錢這種俗氣的東西？王思任向來傾向傳遞真實的狀況，他不喜歡那些苦大愁深的文字，

也不認同「文窮而後工」的說法，而是應該以詼諧幽默的態度，面對沉重的人生課題。

接著，王思任介紹「紫陽宮」的地理位置，非常適合修真與飲酒，顯然他提及了另一件俗氣的事：酒精。

金錢和酒精都有了，王思任轉而認真描述了一處特殊的景點──據說月亮會在此與山岩的缺口完美嵌合。至於杭州最有名的景點西湖，王思任認為「圖畫天開，鏡花自照，四時皆宜也」，四季都能看到美麗的風光。好了，優點到此為止，王思任開始抱怨位於西湖東側的「湧金門」太多官員，「錢塘門」則是僧人和遊客絡繹不絕，「清波門」陰氣較重，他懷疑一定有鬧鬼（這跟我以前在花蓮鯉魚潭的心得很像）。

但是，王思任給了「岳王廟」五星好評，旁邊的孤山與斷橋更是好評中的好評，然後他再次抱怨起來，覺得那些口袋有幾個臭錢的富商巨賈，搭建高樓大船，載著一群美女在湖上喧譁作樂，處處炫耀自己的金錢，看了就覺得噁心討厭。他個人比較喜歡輕鬆自在地搭乘小舟，和幾個朋友一起隨意地吃喝玩樂住，花費也不會太高，便可進行深度的西湖旅遊。

「懂嗎？有錢買不到品味。」王思任必定會這樣喃喃自語。

在〈遊杭州諸勝記〉中，王思任還提及「昭慶寺」的市集、「飛來峰」的岩洞、「靈隱寺」的古松、「玉泉寺」的方池、石屋與煙霞二洞，也想起了關於「三生石」的傳說、蘇軾在「虎跑泉」的題詩，以及奸臣秦檜的跪姿銅像──頭頸俱斷。

「銅像不過就是個鐵塊，怎麼不在秦檜生前與他對峙呢？」

王思任大概覺得這不免有點自欺欺人，彷彿是一種懦弱的宣洩，想為自己的無能尋找一個出口。他又回憶過往經過岳飛故鄉時，那裡的孩童大概從小聽慣「盡忠報國」的瘋狂故事，所以都展現出凜然正氣；等到自己年老再次造訪時，卻發現岳飛的祠堂竟已荒廢許久，基於敬佩之心，立刻捐出薪水為其重新修建。

「真的是我偶像！」王思任表示，岳飛不僅忠誠、勇敢，文學創作也有一定的水準，那些後世的讚美無論有多少，也不過是表達萬分之一的敬意罷了！

西湖除了與岳飛有關的一切，王思任都不免會碎念幾句，像是有人隨意攀折花木；或是另一處著名景點「湖心亭」，有一群喝醉酒的民眾隨地小便，弄臭了亭子；「放生池」則有一堆蠢貨在此處胡亂往水裡放生田螺與鱔魚，結果放生全都變成「放死」。

換句話說，在西湖最美的永遠是風景，而不是人。

> 自然的風景是美麗的，
> 人類的靈魂常是醜惡的。

時空謎題

以下兩題為題組。閱讀下文，回答題 1 和題 2。

甲、晚明文人嗜遊山水，旅遊對他們而言，是一項綜合性的審美活動，標誌著生活的雅化。文人遊賞之後，會將所見

所聞、所思所感以詩文記錄下來。由於當時刻書作坊眾多，文人雅士書寫的遊記，可整理出版，向公眾發行。撰寫遊記，便成為士人重要的文化資本，用以塑造品味，並以此區別普通遊客。

從晚明文人的論述與當時出現的大量西湖旅遊書籍可知，西湖已成為文人旅遊的重要目的地。文人在記遊詩文中，以自身的審美情趣，對西湖風景資源進行梳理、總結，發展了與大眾不同的遊觀。作品發行後，對閱讀者多會產生行為與審美的指引，從而不斷塑造並加強西湖景物的內涵。

乙、西湖最盛，為春為月。一日之盛，為朝煙，為夕嵐。……然杭人遊湖，止午、未、申三時。其實湖光染翠之工，山嵐設色之妙，皆在朝日始出，夕舂未下，始極其濃媚。月景尤不可言，花態柳情，山容水意，別是一種趣味。此樂留與山僧遊客受用，安可為俗士道哉！（袁宏道〈晚遊六橋待月記〉）

丙、西湖之妙，山光水影，明媚相涵。圖畫天開，鏡花自照，四時皆宜也。然湧金門苦於官皂，錢塘門苦僧、苦客，清波門苦鬼。勝在岳墳，最勝在孤山與斷橋。吾極不樂豪家徽賈，重樓架舫，優喧粉笑，勢利傳杯，留門趨入。所喜者野航兩棹，坐恰兩三，隨處夷猶，侶同鷗鷺。或柳堤魚酒，或僧屋飯蔬，可信可宿。不過一二金而輕移曲探，可盡兩湖之致。

（王思任〈遊杭州諸勝記〉）

※ 官皂：州縣衙役。岳墳：岳飛墓。夷猶：從容自在。

題1 綜合上述三文，關於晚明文人的記遊，說明適當的是：（多選）
（A）偏重經驗的總結，而不著力於食宿行程的翔實紀錄
（B）既用以記錄遊蹤，亦塑造了旅遊目的地的景物內涵
（C）遊記刊刻發行後，往往引發閱讀者跟風模仿其書寫風格
（D）個人的審美情趣、生活的雅化，在乙、丙二文中分別以待月、野航展現
（E）文人與大眾遊觀方式的不同，在乙、丙二文中都以空間選擇的差異呈現

題2 乙、丙文發行後，杭州旅店若提供「跟著袁進士、王進士遊西湖」自助行程建議，符合乙、丙文的介紹文字是：（多選）
（A）首選賞遊方案：畫舫周遊，盡覽湖光山色
（B）彈性食宿規劃：依航線或個人喜好，安排餐飲住宿
（C）專屬加碼行程：山僧相伴同遊，觀鷗鷺高飛，陶然忘機
（D）誠心推薦：六橋待月、岳墳尋幽訪古
（E）貼心提醒：喜好清靜者，切忌午後遊錢塘門

答案：1.(A)(B)(D)(B)(E) 2.(B)(D)(E)

🎯 真相揭曉

題1：跨文本背景對應

此題要求先從總論（甲文）歸納文人遊記的特點，再從乙、丙兩文尋找具體例證，以確認文本間的相互對應。解題時，應按照「先理解總論，再確認實例」的方式依序判斷選項是否正確。

題2：選項陷阱

這題可能讓人困惑的地方在於：選項是否須同時符合乙、丙二文，或只須符合其中之一？若題幹明確出現如第1題「綜合上述三文」的關鍵詞，則選項應符合甲文的總論，並至少能在乙或丙文中找到對應例證。然而，此題未明確標示與「綜合」相關的提示，因此較合理的判斷是：選項只須符合乙或丙其中之一即可，不必強求同時適用兩文。

準確地說，如果依照大考中心給的解答回推是符合「乙或丙」即可，但僅看題幹直覺會是同時符合「乙和丙」。

鯨魚、鱷魚,還有命運;
風暴、英雄,還有傳說

#113學年度　#重修福建臺灣府志叢談　#鄭氏記略

　　清乾隆年間,為了記錄臺灣的建置、沿革、人物、風土、奇人、烈士,以及無法證實的傳聞,因此重新修撰臺灣的地方志,其中有「叢談」一卷,內容多是些關於歷史文化的瑣事,總有點鄉野奇談的味道。

　　例如在康熙二十二年四月。澎湖突然出現一隻三公尺長的巨大鱷魚,牠身上披滿堅硬的鱗甲,還自帶熾熱的火焰,根本小型哥吉拉。鱷魚從海裡爬到陸地上,澎湖當地居民表示:「當時真是害怕極了。」認為這應是怪異鬼祟之物,便舉行了一場祭典,撒著冥紙、敲著金鼓,希望藉此送鱷魚離開。

　　沒想到,三天後,鱷魚又再次於夜間登上陸地的山,可是不管多麼可怕的怪物,都逃不過在地人的食欲,這隻鱷魚被殺來吃掉了。

　　鱷魚的故事結束了,接下來會提到鄭成功。這兩者看起來並沒有任何關聯,但傳說就是這樣,總能連結到其中的關鍵處。無論如何,再看看鄭成功的故事。

　　考察鄭成功之前率領軍隊對抗清廷時,造成臺灣沿海地帶居民的驚恐與不安,感到非常困擾;畢竟一群拿著武器的陌生士

兵出現自己家附近，如同和狼群當鄰居一樣，隨時處在刀刃的尖端。

關於這種狀況，有人請教修行深厚的僧侶：鄭成功是什麼怪物？他什麼時候會被消滅？僧侶說：「東海大鯨。」又說：「歸東即逝。」什麼意思？當時沒人能理解僧侶的禪機。

鄭成功軍隊經過的地區，如南京、溫州、臺州及臺灣，只要他的船隊到達，海水便會暴漲。聽起來有點神奇，但這還不是最神奇的部分；據說更早一點的時候，鄭成功在順治十八年攻打（紅毛）荷蘭人，荷蘭人看見一個穿著政府官員服飾的人，騎著鯨魚從鹿耳門進入，隨後鄭成功的船隊也由此前往臺江內海。

所以，那個騎著鯨魚的人，大概就是鄭成功的精神的化身或某種守護靈。

此外，鄭成功病重將逝之時，有一位部屬夢見引路人說：「鄭成功要來了！」一看，發現是個有顆鯨魚頭的人，身上穿著政府官服，騎馬走過大型沙洲的東邊，正準備進入外海，顯然是要離開了，諭示死亡的到來。在《臺灣外記》也有類似的記載，不過在那個夢裡，鄭成功不是騎馬而是騎鯨魚。

不久，鄭成功病死，應驗了前面高僧提到的「歸東即逝」。

在臺灣的傳說中，鄭成功與鯨魚關係密切，大概是從他海上稱霸的形象聯想到鯨魚巨大的外觀。據此，鄭成功的後代皆是「鯨種」。

最一開始提及鱷魚登山後死掉的事件，除了看得出來臺灣人什麼都可以吃之外，還能知道這兆頭不太妙，似乎暗示壞事即將

發生。

康熙二十二年六月，澎湖海戰爆發，失去鄭成功的軍隊顯然沒有持續對抗清廷戰艦的力量，戰敗後投降，正應驗了「鱷魚登山而亡」的預兆。可是，鄭成功是鯨魚化身，關鱷魚什麼事呢？

預言在傳說中始終扮演著重要角色，將神祕、懸念與命運交織在一起。無論是隱晦的謎語、神聖的啟示，還是智者的警告，預言經常被用作強大的敘事工具，帶來一種不可避免、無法逃離的命中注定。我們從這裡也可以開始思考，自己究竟是命運的主人，還是棋盤上的一顆棋子？預言最迷人的一點在於它的含糊性，它往往以謎語或特殊的事件呈現，不僅創造想像的空間，還留下詮釋的可能。

> **胡說八道和預言的差別，只在於你是否願意相信。**

在古人的認知裡，一位不平常的人物，當然得有不平常的出生經過。據說，鄭成功出生於日本，而就在他出生的前一天，原本天氣晴朗、萬里無雲，但到了黃昏，忽然有雷震破地而出，到處都是土塵遮蔽視線，即使有人站在你面前也看不見。

不久，天空下起大雨、颳起狂風。劇烈的風勢將樹木連根拔起，房屋上的瓦片也被吹飛；雨勢也來得又快又急，地面積水深達數尺。

明明還是好天氣，竟一下子變得像是颱風來襲。當大家還在錯愕時，半空中傳來巨大的聲響，彷彿天要塌下、地要裂開，整座城市都在震動。

　　「地震！」

　　「不逃會死。」

　　眾人紛紛離開危險的現場，急尋空曠的山村避難。

　　過了一夜，天亮。有人傳言海島中有一條巨大的鯨魚在波浪間翻騰，在太陽的照映下，牠的眼睛顯得金光閃爍，鯨魚噴氣的聲音也有如雷鳴般嚇人。此時風大浪大，隱約還能聽見武器交擊、馬蹄踐踏的聲音。

　　情況十分惡劣的大海＋鯨魚，造成船隻被毀，掉入海裡的人全都溺死。

　　從陸上到海上都不平靜，傷亡人數應該比想像中要多，值得悲傷的事情也很多，所以整個晚上只聽見淒慘的哭聲。雞鳴，又是下一個天亮，風勢漸緩，但海中的魚都消失了，經過這麼多離奇的事件，人們都在傳說這一定是妖怪在作祟。

　　當晚，鄭成功出生，眾人對此事感到十分訝異，大概把還是嬰兒的鄭成功和這兩天發生的怪事、怪物連結在一起，推測他必定具有特殊的天命，但這種特殊似乎偏向負面解釋更多一點。

　　自鄭成功出生後，日本對鄭成功的母親更加禮遇。鄭成功長大後，據守金門、廈門，卻兵敗勢危，決定將海外作為藏身之地，於是下定決心東行。

　　當時，臺灣由荷蘭統治，荷蘭長官左賢王在夜裡做了一個怪

夢：一位身穿莊重服飾的雄偉男子，騎著鯨魚從鹿耳門入港，身邊侍衛和甲兵眾多，行進無阻。因為左賢王是匈奴貴族的封號，這裡推測係指稱荷蘭的重要人物，比較有可能的，是當時荷蘭的駐臺最高長官弗雷德里克・揆一。

夢醒後，揆一感到十分詫異；不久便有消息傳來：鄭成功的軍隊已經抵達了。

附帶一提，揆一的第十四、十五代子孫曾於二〇二四年四月到訪臺灣，鄭成功的後代鄭達智與他們有過短暫的會面。

壞英雄重新定義英雄的價值：他們挑戰人性道德，破壞社會規範——是個叛逆、無畏、但又充滿缺陷的人物。那些關於壞英雄的故事裡，既沒有純粹的善，亦沒有無可救藥的惡，迫使我們重新觀察道德天秤傾斜的位置。

然而，更多的壞英雄故事則充滿著警示的意味，強調不受控制的野心、傲慢或反抗的危險。不僅提供獨特的情感釋放，也讓讀者體驗到叛逆的快感、罪惡感的沉重，以及救贖的可能性。

因此，我們講述壞英雄的冒險旅程，不是為了崇拜他們，而是為了記住：在他們的黑暗中，我們找到了光明。

> 總得有人扮演邪惡的英雄，
> 告訴你世界沒有那麼單純。

時空謎題

以下兩題為題組。閱讀下文，回答題1和題2。

甲、鄭成功起兵荼毒濱海，民間患之。有問善知識云：「此何孽肆毒若是？」答曰：「乃東海大鯨也。」問何時而滅？曰：「歸東即逝。」凡成功所犯之處，如南京、溫、臺並及臺灣，舟至海水為之暴漲。順治辛丑攻臺灣，紅毛先望見一人冠帶騎鯨，從鹿耳而入，隨後成功將舟由是港進。癸卯成功未疾時，轄下夢見前導稱成功至，視之，乃鯨首冠帶乘馬，由鯤身東入於外海。未幾，成功病卒，正符「歸東即逝」之語。（《重修福建臺灣府志‧叢談》）

乙、鄭成功，倭產也。誕降之前一日，天晴霽無片雲。薄暮，忽有雷破土窟而出，煙霾漲天，人對面不可辨。少頃，狂風疾雨，拔古木且盡，屋瓦皆飛，平地水深數尺。正錯愕間，空中有聲，如天崩地裂，繞郭顛簸不止。眾相驚以地震，曰：「弗去懼壓。」則皆走，亟覓山村避之。天明，諜者言島中有鯨鯢長數十丈，矯天起波間。金光閃爍，噓氣如雷鳴，風濤暴漲，隱隱有金戈鐵馬之聲不絕。舟航糜碎，溺入海盡死，竟夜哭聲震天。雞鳴，風始定，魚亦不見。相譁以為妖怪云。是夕，成功生，人奇之。

自成功生後，倭視翁氏禮加謹。及長，據金廈，兵敗勢蹙，將以海外為逋逃藪，乃決計東行。時臺地屬荷蘭左賢王，忽夜夢一偉人盛服騎鯨魚入鹿耳門，侍衛甲兵甚眾，道無阻者。及

寇,異之。未幾,報鄭兵至矣。(《臺灣紀事‧鄭事紀略》)

※ 善知識:指高僧大德。翁氏:鄭成功的母親。

題1 關於甲、乙二文中鄭成功的事蹟,敘述適當的是:(多選)
(A) 出生之日傳說大鯨現身,引發巨浪破壞船隻
(B) 出生後因降伏害人的大鯨,其母受倭人禮敬
(C) 擁有騎鯨的天賦,因而率軍船征戰無往不利
(D) 率兵剿滅海賊,解救了久被荼毒的濱海人民
(E) 病死於臺灣,符應高僧大鯨歸東即逝的預言

題2 關於甲、乙二文的寫作方式,敘述適當的是:(多選)
(A) 分從神異事蹟、中日混血角度,解釋鄭氏軍事才能卓越之因
(B) 均藉描述海水暴漲,以凸顯鄭氏船隊之軍威浩大、軍容壯盛
(C) 均記載鄭成功與鯨魚密切關聯的夢境,以凸顯鄭氏乃非常人
(D) 皆敘寫鄭成功攻臺時獲神靈天助,登陸鹿耳門後,勢如破竹
(E) 皆以清廷統治的觀點,看待鄭氏攻打荷人、占領臺灣的事蹟

答案：1. (A) (E) 2. (C) (E)

🎯 真相揭曉

題1：選項陷阱

　　這題的選項未明確標示適用於甲文或乙文，強迫考生來回比對，確認每個選項的出處，這種「大家來找碴」式的題型在考試壓力下特別容易讓人心煩，儘管本質上並不難。解題時，應確保答案完全基於原文，避免因習慣性理解或過度聯想而選錯。例如，選項 C「擁有騎鯨的天賦」因而取得戰爭的勝利，明顯是荒謬的敘述，鄭成功又不是動漫角色，現實中不可能召喚鯨魚戰鬥！如果一不小心腦補成《航海王》的畫面，或許真該讓自己冷靜一下再作答了……雖然這多少有點傳說的性質。

題2：提取明確事實

　　選項 B 錯誤的關鍵在於對「海水暴漲」作用的誤解。部分詳解將「舟至海水為之暴漲」解釋為「凸顯鄭氏船隊軍威浩大」，但我覺得這樣的說法不合邏輯。從語境來看，這句話不像是在描寫軍容壯盛，更接近神異現象，甚至可解讀為「天助鄭氏」，這也符合甲文的地方傳說特質。即便從修辭角度解釋此處運用了誇飾手法，仍無法支持選項 B 的說法，因為乙文提及「風濤暴漲」係指鄭成功出生的異象之一。不論從哪種角度思考，都應該排除選項 B。

生存的困難

#111 學年度　#陳壽　#三國志　#魏書

建安二十二年,史書記載:「是歲大疫」。

正如同二〇一九年末世界爆發的那場嚴重的傳染性肺炎一般,在遙遠且古老的時空裡,同樣因疾病而奪去了無數生命。

到了建安二十三年,曹操公布了一道命令,內容提及疫情造成人民生命與財產的損傷,再加上大多數的男性勞動力都加入了軍隊,無法留在家鄉耕作,使得農田荒蕪,糧食生產嚴重減少。面對這樣的局勢,曹操不得不採取緊急應變方案,救助那些因遭遇疫情而無法正常生活的人民,並長期給予來自政府部門的協助。

這份特別告知官員與百姓的命令中提及,有三種身分類別的人可以獲得救助:

第一、沒有丈夫與兒子的七十歲以上婦女。

第二、十二歲以下沒有父母兄弟的孩童。

第三、沒有妻子、兒女、父親、兄弟、財產家業的身體殘疾者。

原則上,政府會照顧這三種身分的人一輩子,除了第二類的孩童附加了一個年齡限制條件之外。

畢竟孩子會長大為獨立自主的成人,而七十歲以上的婦女只會隨著年齡更加衰老,身體殘疾者則可能繼續面臨更多的生活挑戰。

至於家境貧窮且無法養活自己的人,他們面臨類似的生存壓力與挑戰,經濟限制了他們的資源與機會。所以曹操也在命令中提到,要根據家中的人口數目給予相對應的借款。

此外,如果家中有九十歲以上的老人,為了減輕照顧者的壓力,政府特別制定政策,免除家中一個人的義務勞役。

這些勞役可能包括修建城牆、鋪設道路或基礎的防禦工作等,原本都是當時每位成年男性應盡的責任。

透過免除這項義務,政府承認了家庭中照顧高齡者的特殊需求,讓家屬在疫情中還能協助老人的生活起居,而不用因義務勞役分心或疲於奔命。

曹操的命令很單純,就是想盡辦法讓更多的人存活,並讓社會的運作恢復健全,如同過往我們面對那場突如其來的疫病一樣。

然而,無論是古代還是現代,人類的抗疫措施雖能暫時緩解危機,卻始終無法消除對生存的焦慮。

我不免悲觀地想:被稱為「生命」的疾病也與我們一起進化,不斷改變其症狀。

我們剛出生就被推入一個未知的世界,立即面臨欲望。飢

餓、疲勞、不適……所有症狀幾乎都在我們第一次呼吸時顯現出來。

隨著年齡的增長，這些問題只會演變成更複雜的形式：情緒困擾、社交焦慮、職業壓力、經濟負擔，還有個人存在意義的擔憂。

關於生命這一場大病，似乎有著不同的解藥，但最終你仍無法完全治癒，只能學習如何與它共存。

> 在疾病面前，
> 每個人都是平等的。

時空謎題

題目 依據下文，關於曹操所頒布的經濟紓困方案與背景，敘述最適當的是：

王（曹操）令曰：「去冬天降疫癘，民有凋傷，軍興於外，墾田損少，吾甚憂之。其令吏民男女：女年七十已上無夫子，若年十二已下無父母兄弟，及目無所見，手不能作，足不能行，而無妻子父兄產業者，廩食終身，幼者至十二止。貧窮不能自贍者，隨口給貸。老耄須待養者，年九十已上，復不事，家一人。」（陳壽《三國志・魏書》）

（A）因疫癘橫行與軍隊大肆劫掠，帶來大量人民死亡，影響

經濟生產甚鉅
(B) 家無財產,亦無親屬可照顧之身體殘疾者,國家將其列入需紓困對象
(C) 國家給予七十歲以上的老婦與幼兒終身照顧,後者滿十二歲即不適用
(D) 貧窮到無法自給之人與九十歲以上待養的長者,適用同樣的紓困方案

答案:(B)

🎯 真相揭曉

選項陷阱

　　某些選項使用容易誤導的詞語,影響判斷準確性。例如,選項 A 的「大肆劫掠」讓人直覺認為軍隊必定掠奪,而忽略其對農業生產的間接影響;選項 D 的「適用同樣的紓困方案」則暗示兩者救濟方式完全相同,實則存在細節差異。

不哭，不哭，眼淚是認輸

#112 學年度　#陸游　#跋李莊簡公家書

　　哭泣是一件正常的事，因為我們總想用流淚來傾訴自己的壞心情，似乎這樣才能稍微舒緩問題造成的麻煩。對於南宋名臣李光而言，他反對這樣的看法——只有承擔，沒有哭泣。

　　根據陸游的回憶，他二十歲的時候，曾遇見罷職中的李光。

　　此時，原本擔任參知政事的李光，當面罵了秦檜「盜弄國權，懷奸誤國」，然後就表示：「老子不幹了！」

　　英雄就是要敢於做普通人不敢做的事，才能顯現他們的與眾不同。說辭職就辭職，哪像我們這種社畜／學校畜，連退出學校 LINE 群組都要猶豫。

　　不過，李光還是先回到家鄉紹興擔任地方官員，而陸游大概就是在這個時間點遇見了李光。陸游補充說明，李光當時經常來家裡拜訪父親，兩人會以非常激動的態度聊上一整天。

　　聊天最激動那個瞬間，就是談到讓自己遭貶的秦檜；但有趣的是，李光不會直接說出「垃圾」或「下地獄啦」之類的惡毒語言，而是委婉地用「咸陽」指責秦檜。

　　為什麼一個地名可以當作罵人的話？李光的想法有點曲折：在很久很久以前，秦國的都城在咸陽，而秦國很殘暴，可以簡稱

「暴秦」，正好用來罵也姓秦的秦檜。

　　換成現在，說你「咸陽」可能反而變成讚美你漂亮，因為秦國「暴政」（爆正），一個老哏的諧音雙關。不管在什麼時代，或是什麼年紀，又或是什麼身分，罵人都會累積怒氣值，越罵就越生氣，李光當然也是如此。

　　前面提到李光不哭泣，但沒說他不生氣。之所以知道他不哭泣，是因為陸游記錄了某個早晨發生的事件：那天李光又來蹭早餐吃，順便講了一則政治新聞。原來宰相趙鼎也因為得罪秦檜，被貶官到遙遠的嶺南地區，半路上忍不住哭了出來，也不知道是難過自己的人生，還是難過國家的未來。

　　李光表示：「我和他不一樣，我不哭。」接著強調自己如果遭到貶謫，將會穿著青鞋布襪輕鬆上路，哪能像個小孩子一樣流淚呢？

　　陸游在旁邊聽到李光的話，覺得一股正氣從對方身上噴湧而出，眼睛像火炬，聲音像大鐘般嘹亮，覺得眼前的中年男子真是偶像。

　　這件事之後，過了四十年，陸游偶然讀到李光留下的家書，發現他雖然也被貶謫到遠得要命的海島，但依舊維持當年那股正氣，親切又不失嚴肅地告誡後世的子孫們。

　　陸游彷彿回到當年的那個早晨，看見那位正大聲說著自己會穿「青鞋布襪」上路，要用最輕鬆、最無所謂的態度，來面對痛苦挫敗的中年男子。最後，陸游附上了寫作這篇回憶文字的日期，也附上了自己的祖籍──太湖之濱。

人生有時就是這麼殘酷，彷彿一場漫長的連續劇，掌聲和嘲笑交錯於舞臺的每個角落。當你痛哭失聲、淚流滿面，試圖向世界尋求一絲理解時，旁人卻無動於衷，甚至在心底暗自感到慶幸，因為你的痛苦反襯了他們的平安無事。

是的，眼淚不會改變劇情的曲折、混亂，或是那些該死的憤怒。

> 避免讓眼淚模糊你的視線，
> 尤其是當你想前進的時候。

時空謎題

以下三題為題組。閱讀下文，回答題1至題3。

李丈參政罷政歸鄉里時，某年二十矣。時時來訪先君，劇談終日。每言秦氏，必曰「咸陽」，憤切慨慷，形於色辭。一日平旦來共飯，謂先君曰：「聞趙相過嶺，悲憂出涕。僕不然，謫命下，青鞋布襪行矣，豈能作兒女態耶！」方言此時，目如炬，聲如鐘，其英偉剛毅之氣，使人興起。後四十年，偶讀公家書，雖徙海表，氣不少衰，叮嚀訓誡之語，皆足垂範百世，猶想見其道青鞋布襪時也。淳熙戊申五月己未，笠澤陸某題。（陸游〈跋李莊簡公家書〉）

題1 關於文中李參政的敘述，最適當的是：

（A）少年得志，但因個性耿介，二十歲便罷政而歸鄉里
（B）常至陸游家，議論秦朝暴政虐民、聚斂咸陽的史事
（C）雖貶謫海表而坦然赴任，未嘗悲憂，英氣絲毫不減
（D）訓誨陸游之言響若鐘鳴，示現剛毅氣節，令人激昂

題2 關於文中陸游的行為或感懷的敘述，最適當的是：
（A）相隔四十年後，因重讀李莊簡公來信而為文回覆
（B）採用書序體書寫方式，闡述自己撰作本文的動機
（C）憶及青鞋布襪之言而連結今昔，流露對李公的欽仰
（D）追述昔日共聚議事的情景，感嘆故人遠謫而難再見

題3 上文藉細節描述，展現李參政的人格特質。下列文句，亦透過書寫細節以呈現人物性格特質的是：
（A）將軍向寵，性行淑均，曉暢軍事，試用於昔日，先帝稱之曰「能」
（B）樊噲側其盾以撞，衛士仆地，噲遂入。披帷，西嚮立，瞋目視項王
（C）行次靈石旅舍，既設床，爐中烹肉且熟，張氏以髮長委地，立梳床前
（D）三人移席，漸入月中。眾視三人坐月中飲，鬚眉畢見，如影之在鏡中

答案：1.(C) 2.(C) 2.(B)

🎯 真相揭曉

題 1：選項陷阱

選項 B 提到「議論秦朝暴政」，但文中的「秦氏」指的是南宋權臣秦檜，不是秦朝，學生可能會因「咸陽」這個地名誤以為在談秦始皇，進而選錯。再來，部分學生可能認為「貶謫」=「悲憤」，所以覺得選項 C 不合理，但實際上，李參政強調自己不悲憂，而是坦然接受。

題 2：辨識關鍵細節（5W1H）

考題不難，可以從（5W1H）篩選出正確答案，但最快速的解題方式是：「跋」係附於書末的評論或記錄。據此判斷並非選項 B 指稱的書序，自然也非選項 A 所謂的重讀來信（國學常識會變成這種方式出題，平常還是可以讀一下啦）。

題 3：跨文本背景對應

主要考你有沒有熟讀核心古文十五篇，其實也可以從選項中是否包含「動作與神態細節」判斷，確認是否有呈現人物特質。只要掌握這個標準，就算對文章不熟，也能答對。

錢很重要，但別讓它決定一切

#110學年度　#商君書　#夢溪筆談

　　所謂的「商君」，指的是戰國時代的商鞅；至於《商君書》，據說係由商鞅及其後來的知識分子撰寫而成。

　　秦孝公時，商鞅曾宣布：誰能將一根木頭搬走，就給他一筆豐厚的賞金，後來果真有人嘗試，也得到應有的報酬，商鞅就這樣簡單地完成變法的第一步——取得民眾信任。除了搞定民眾，商鞅也必須解決秦國貴族的不滿，但靠著秦孝公的決心，變法依舊順利推行，而且還變法了兩次。

　　「我要讓秦國再次偉大！」

　　關於商鞅變法，可以歸納成兩個重點：打仗和種田。

　　所以《商君書・墾令》提到，只要由國家統一管理山林、湖澤，那些懶惰不想工作種田的廢物，就無法依靠打獵和採集維生，必須振作起來去種田。

　　商鞅真的很愛種田，大概就像我高中時玩電腦遊戲《世紀帝國》一樣，總得先在城鎮中心附近設置幾塊田地和人力，才有資源生產其他的事物，包括軍隊。

　　商鞅想出很多方法，半逼迫地要民眾種田，例如：廢除旅館、禁止流行音樂和服飾，以及抬高酒肉的售價。抬高售價還不

夠，連營業的稅金也得加收，讓成本提高十倍，這樣經營就會出現困難，選擇賣酒的商人因此變少，那些農民和貴族當然也無法輕易得到酒精的慰藉。

只要商人減少，國家便不用浪費糧食養那些沒有生產力的人；而大家不能無限暢飲酒精飲品，又得開始認真工作，該種田就種田，該上班就上班，國家便能正常運作，統治者自然不會判斷錯誤。

看起來，商鞅認為任何娛樂都會腐蝕心智，應該將精神和體力投注在種田上。這似乎是那個時候能夠使得國家強大的方法。

基本上，商鞅為了驅使民眾做出自己期望的行為，採用了嚴格的法條，阻擋民眾進行除了種田以外可能的行動，幾乎只留下種田這一條路。

只要大家都去種田，不從事其他的行為，那麼國家便沒有浪費糧食的機會，原本沒人耕種的荒地，也將有人開始耕種。

商鞅內心應該想著：「果然如我所料。」但以現在的角度來看，這算什麼計畫？人一出生彷彿就是為種田而活，嬰兒抓週大概也只能抓鋤頭，什麼其他東西都抓不到。

可是，商鞅成功了！這也是中華歷史上唯一成功的變法，成功到商鞅把自己變成五塊，被施以「車裂」的刑罰——漫畫有《五等分的新娘》，他是「五等分的商鞅」。

Magic！

我們不再期待和習慣商鞅那種嚴格的規定。想像一下，有一雙溫柔、輕巧、看不見的手，引導你在路口停了下來，在徘徊與

猶豫過後,那雙手將你推往其中一條路,而不是另外一條路。沒有要求,沒有法律,只是輕輕地推動,以一種非常自然的感覺,幫助你以幾乎是命中注定的方式前進。

是的,我們厭惡、排斥嚴格的規定,現在轉向以微小的調整或推動,尊重自由的選擇,同時促進有益的行為。

如同〈北風與太陽〉的寓言故事,面對北風呼呼作響,旅人只是拉緊衣服;而太陽和煦的光亮,卻能讓旅人做出另一項決定。

> 邀請對方參與你期待的派對,
> 而不是強迫彼此一起跳舞。

沈括記錄了一件舊報紙上會刊登的政治新聞。

故事發生在北宋慶曆年間,當時的沈括大概還是個十歲左右的小朋友,他長大後依然記得這樣的新聞:政府的官員提議廢除茶葉和鹽的專賣限制,以及減少商稅徵收。

通常茶葉和鹽都是國家統一管理的專賣品,政府得以由此獲得不少利潤,彷彿一部印鈔機,每天都會吐出成堆的鈔票。至於商稅,也是維持國家財政的來源之一,甚至在制度化後的規範底下保護了商人的利益,間接促進商業活動的發展。

因此,透過讓更多商人參與茶葉和鹽的營利事業,並且減少商稅、擴大市場規模、帶來更多交易,以達成提升大宋 GDP 的目標。

不過，范仲淹對此抱持反對意見。

放寬茶鹽專賣，吸引更多商人參與經營，再搭配減少商稅，在范仲淹眼中，這種完全以商人為重心的政治考量，就等於國家決定同時放棄豐厚與穩定的收益。

原本的政策不過是減少商人部分的利潤，也不會產生什麼巨大的傷害，現在根本沒必要做出傾向商人利益的變動。

更何況，國家財政的必要開銷沒有減少，每年從茶鹽專賣與商稅上得到的收入更不可出現漏洞，如果不從茶山鹽池與商人的貨品得到金錢，就勢必得把目標轉向到農民身上。

范仲淹覺得商人與農民二者之間，當然要最優先考量農民，畢竟他們一直被視為國家的根本。

范仲淹做出一個結論：解決問題的方法還是要以節約為原則，減少國家不必要的支出，等到國家的財政穩定後，再優先減輕一般人的稅收與勞役工作，最後才輪到商人。

總之，那些取消茶鹽限制和減少商稅的討論，都不是什麼重要的事情，所以討論也就停止了。

無論古今，對金錢都非常執著，期待自己生活在富裕的國度，或是成為富裕的人。追逐利益成為一種默契，政治上稱為「經濟」，在個人身上則可視為「存款」。

然而，有錢買得到的東西，也有錢買不到的東西。

從本質上講，金錢能買到便利、安全和冒險的機會。但真正的關係建立在信任、尊重，以及共同經驗的基礎上，這些都很難用貨幣作為交換。充滿智慧地對待金錢，就是尊重金錢的重要

性。可以用金錢支持幸福的生活,但別誤以為擁有金錢就是幸福。

雖說金錢未必使我快樂,可是難過的時候,我還是會想在跑車裡哭。

> 金錢是強大的力量,
> 國家與個人都需要它。

時空謎題

以下兩題為題組。閱讀下文,回答題 1 和題 2。

甲、壹山澤,則惡農、慢惰、倍欲之民無所於食;無所於食則必農,農則草必墾矣。貴酒肉之價,重其租,令十倍其樸;然則商賈少,農不能喜酣奭,大臣不為荒飽。商賈少,則上不費粟;民不能善酣奭,則農不慢;大臣不荒,則國事不稽,主無過舉。(《商君書》)

乙、慶曆中,議弛茶鹽之禁及減商稅,范文正以為不可:茶鹽、商稅之入,但分減商賈之利耳,行於商賈未甚有害也。今國用未減,歲入不可闕,既不取之於山澤及商賈,須取之於農;與其害農,孰若取之於商賈?今為計莫若先省國用,國用有餘,當先寬賦役,然後及商賈,弛禁非所當先也。其議遂寢。(沈括《夢溪筆談》)

※ 壹山澤：由國家統管山澤之利。樸：原價。酣爽：暢飲縱情。稽：延宕。

題1 關於甲、乙二文對商賈和山澤之利的態度，敘述最適當的是：
（A）甲文主張調漲酒肉價格，提高商賈獲利，以活絡經濟
（B）乙文中，范文正認為維持茶鹽之禁，並不會危及商賈
（C）甲文主張由國家統管山澤之利，將獲利分配給飢乏的百姓
（D）乙文中，范文正認為歲入短缺時，不應取之於山澤及商賈

題2 關於甲、乙二文對農業和農民的態度，敘述最適當的是：
（A）甲文主張減少農民酒肉之樂的機會，使其專注於農作
（B）乙文中，范文正主張給予農民賦稅優惠，以獎勵務農
（C）二文皆認為執政者的驕荒怠惰是造成農業不振的主因
（D）二文皆認為農民是經濟上的弱勢族群，應該予以保護

答案：1. (B) 2. (A)

🎯 真相揭曉

題 1：提取明確事實

根據題目提到的「商賈」和「山澤之利」判斷選項是否正確，這裡需要注意選項中的政策與目的，兩者是否皆能符合文中的敘述。大多數人之所以覺得困難，未必是因為看不懂古文，比如「壹山澤」一句就有提供解釋，應該可以由此作為推論的起點，盡量別因為出現陌生詞彙就感到恐懼。記住：你不必知道每個字的意思，也有機會答對考題。

題 2：選項陷阱

古人與現代人的思維方式未必相同，部分情境或許可依個人生活經驗推斷，在某些考題中，這樣的直覺判斷可能導致誤選。例如，本題的選項 D 貼近現代人的經驗，但甲、乙二文皆強調「重農抑商」，將農作物視為國家基礎，而非需要特別保護的弱勢。這與現代經濟觀念不同，因此單憑直覺易偏離文本原意。

遠離那些會殺死你的東西

#107 學年度　#元結　#菊圃記

　　唐代的元結到了十七歲才開始認真讀書，就是那種家長口中說很聰明但不努力的小孩，然後某一天忽然覺得自己該做點什麼正經的事情了，終究走上了傳統的正確道路——固執卻也充滿正義感。

　　面對時代的動盪，元結總懷抱著某種不甘心的憤慨，一方面是安史之亂的戰事，另一方面是政府官員的腐敗與無能，他渴望改變現狀，卻又被現狀狠狠賞了一巴掌。

　　或許基於這樣的情感，元結曾寫下〈菊圃記〉一文，記載舂陵這個地方沒有什麼人在種植菊花，而自己曾從其他地方移植過來，種在庭院前的牆下。只是等到他再來到此地時，已經看不見當初的菊花了。

　　廢話，因為元結種菊花的位置就在人來人往的地方。當地居民並沒有喜歡這種植物，甚至很可能完全不認識，那麼當作什麼不重要的花草也很合理。既然不重要，踐踏上去更是再合理不過了。

　　不過元結認為，自己種植的地方儘管不合適，但怎麼可能有人不知道菊花，這麼好看的植物，同時還可以作為良好的藥材，

也能當作蔬菜食用。

「菊菊這麼可愛，怎麼可以踩菊菊！」

其他人看到菊花應該要有自覺，把菊花移植到安全的地方，怎麼捨得踐踏、踩躪菊花，讓菊花與泥土充分混合在一起呢？也太不愛惜了吧！

顯然，元結沒想到自己喜歡的東西，不代表其他人也要喜歡。但他還是發出一聲嘆息，開始聯想到某種生命經驗，認為人和菊花一樣，即使有再多良好的條件，待在不適合的環境裡，依然難以有綻放美麗的一天。

「賢士君子自植其身，不可不慎擇所處。」

是的，謹慎選擇自己所處的環境，一旦其中有人不愛惜你，下場就是和一開始提到的菊花一樣——折磨到死為止。元結同情菊花，也同情那些在生命旅途中被錯誤人、事、物所束縛的人們。

救不了人，那救菊花吧！

元結另外開闢了新的園圃，重新種植菊花，為它們量身打造合適的空間：靠近休息的廳堂，官吏不會來這裡奔走；靠近眺望的亭子，旗幟也不會在這裡插置。即使來了歌女，菊花也不是會令她們討厭的植物；如果有喝酒的人們，菊花將是增添興致的好東西。元結覺得自己考慮周詳，非要記錄下來，寫成一篇文章，希望推廣給更多人知道；或許是為了想增加文章的價值，還附錄了《藥經》。

有些人可以像元結一樣，為自己打造一塊小小的天地，讓生

活的節奏與氣味由自己決定;但多數人無法這麼幸運。

遠離那些充滿負能量的環境,可能是家、學校、公司,或是任何聚集著壓迫與控制的空間。我們偶爾會萌生改變現狀的念頭,但那太困難了,最後改變的通常是你的想法,不得不接受一切惡劣的對待,然後你的時間就此靜止。

不被重視的才能,對你沒有任何好處。

> **長期待在惡劣的環境,你的才能不會有回報。**

時空謎題

以下兩題為題組。閱讀下文,回答題 1 和題 2。

春陵俗不種菊,前時自遠致之,植於前庭牆下。及再來也,菊已無矣。徘徊舊圃,嗟嘆久之。誰不知菊也,芳華可賞,在藥品是良藥,為蔬菜是佳蔬。縱須地趨走,猶宜徙植修養,而忍蹂踐至盡,不愛惜乎!於戲!賢士君子自植其身,不可不慎擇所處。一旦遭人不愛重如此菊也,悲傷奈何!於是更為之圃,重畦植之。其地近宴息之堂,吏人不此奔走;近登望之亭,旌旄不此行列。縱參歌妓,菊非可惡之草;使有酒徒,菊為助興之物。為之作記,以託後人;並錄藥經,列於記後。(元結〈菊圃記〉)

※ 於戲：同「嗚呼」。

題1 菊花在「前庭牆下」消失的原因，敘述最適當的是：
（A）菊花不如良藥、佳蔬用途廣大，因此遭眾人鄙薄厭棄
（B）菊花係遠方品種，移植舂陵而不服水土，致枯萎凋零
（C）菊花栽植於人來人往之處，被踩踏蹂躪，因而凋枯萎謝
（D）菊花形貌樸素，雖非可惡之草，但不受人喜愛而遭棄養

題2 作者藉種植菊花而感悟處世之理，下列敘述最適當的是：
（A）立身處世應具良禽擇木而棲的智慧
（B）順境僅成就平凡而逆境可造就不凡
（C）具備多元能力，可在競爭時代勝出
（D）正直友可礪品格，酒肉交將招災禍

答案：1.（C） 2.（A）

🎯 真相揭曉

題1：辨識事件順序

　　先確認菊花「消失」的時間點，再追溯其「原因」。文中「植於前庭牆下……菊已無矣」表明菊花已消失，而題目所問的「原因」即為事態的起因，常理上應往前文搜尋，但此處敘述順序不同，先呈現結果，再補充原因。

因此,應從後文「猶宜徙植修養,而忍蹂踐至盡,不愛惜乎」推斷其因——菊花原可移植培養,卻遭踐踏殆盡。這裡的敘述順序屬於「結果→原因」,與一般「原因→結果」不同,解題時須留意文本邏輯,避免因習慣性尋找前文而忽略真正的關鍵資訊。

題 2:區分字詞義

文章結構常見模式為「敘事→心得」,即由「種植菊花」引申至「處世之理」,因此可優先檢視後半段論述來確認主旨。造成考生困惑的關鍵,在於選項中使用了「良禽擇木」一詞。該成語本義為「賢才選擇明主以效力」,語意帶有仕途與忠誠的色彩;而元結文中的「不可不慎擇所處」,則是泛指人應慎選所處之環境,範圍較廣,並不限於仕進。雖然兩者皆強調環境選擇的重要性,意義上或可通融。不過,選項若能避免使用具明確語源與特定脈絡的成語,改用語意更貼近原文的敘述,將更能避免理解上的偏差。

第 3 章
時間的軸線

時間線的重構,如同拼湊破碎的記憶,
只有將碎片一一歸位,才能看清全貌。
——《模仿犯》,宮部美幸

調查指南

偵探這樣做
偵探在調查案件時,必須將零散的線索依照正確順序拼湊,以還原事件發生的過程。掌握時間推進的方式,能幫助自己釐清因果關係,關鍵事件之間的影響脈絡不被混淆。

學生這樣做
學生在閱讀文章時,必須將文本中的時間資訊按照正確順序整理,以理解事件發展的脈絡。掌握時間推移的方式,能幫助自己理清因果關係,不因敘述順序的變化而誤解關鍵事件之間的關聯。

📍閱讀重點

- **掌握時間標誌詞**——如「既而」、「尋」、「未幾」、「已而」等,這些詞能指引事件的發展順序,避免誤讀前後關係。
- **分析文章結構**——判斷作者是按時間順序陳述,還是採用因果、對比或倒敘來組織內容。
- **建立事件連結**——找出事件之間的邏輯關係,確保不會錯誤排列時間軸,導致錯誤推論。

問題類型

- **辨識事件順序**——文章可能採順敘、倒敘、插敘、補敘等手法,考生須能準確解讀不同敘事結構。
- **辨識論述架構**——文章可能採三段式、總分總、並列式、對比式等論述手法,考生須能準確解析不同說理結構。
- **識別時間轉換語詞**——注意「遂」、「乃」、「是以」等詞語,這些詞語具有引導時間順序、轉折或因果關係的功能,能顯示事件之間的銜接與邏輯。
- **推論隱藏的時間資訊**——部分文章未明確標示時間點,考生須依據上下文內容、人物行動與敘述邏輯,推斷事件發生的先後次序。

命運與選擇

#112 學年度　#王充　#論衡

　　東漢王充《論衡》中有〈吉驗〉一篇，內容主要講述關於帝王的神話傳說，認為繼承天命的統治者，必然會出現相對應的吉祥徵兆。這裡的故事來自於北方的橐離國，那時國王的侍女懷孕了。懷孕大概是這個國家的一種特權，又或者侍女沒經過允許而與外人發生關係，所以國王想殺死她。在封閉的國家裡，沒有人可以真正擁有自由。

　　為了活命，侍女嘗試解釋：「有一顆雞蛋般大小的氣團從天而降，因此我才懷孕。」喂不是，要找理由也找一個可信度高一點的，誰會相信你因為這樣就懷孕？但國王似乎相信了。

　　《論衡》記載：「後產子，捐於豬溷中，豬以口氣噓之不死；復徙置馬欄中，欲使馬藉殺之，馬復以口氣噓之不死。」侍女順利生下一名男嬰，卻被扔進豬圈裡，想讓男嬰自生自滅。按照常理，男嬰的確活不下去，可是豬圈裡的豬竟然主動為他進行人工呼吸——應該說「豬」工呼吸可能更合適。男嬰沒死，於是又被丟進馬廄裡，想讓馬踩死他，但馬竟然也做了和豬一樣的事情。當然，文中「噓」是緩緩吐氣的意思，也有可能上面提到的豬和馬所做的是維持男嬰的體溫。

這樣都弄不死你，讓國王想起侍女之前的解釋，也開始懷疑男嬰可能是天命之子。於是國王命令男嬰的母親把他從馬廄撿回來，當成奴隸養大，同時也給了他一個名字「東明」，專門負責放牧牛馬。東明慢慢長大了，成為了一名擅長射箭的男子，這又讓國王產生了一些懼意，擔心有天命又有能力的東明將會奪走自己的權力，便派了一群士兵展開凶狠的追殺行動。

嗅到了危險的味道，東明不停逃跑，向南跑到掩淲水邊，用手中的弓擊打水面，沒想到魚鱉自動組成一道可供經過的便橋，讓東明能順利渡河。

某種意義上，東明從小就是白雪公主命格，能讓各種動物願意照顧並幫助他。後來他建立了國家，成為了國王，而這也是「夫餘國」的由來。

像東明這樣的故事，總讓人懷疑：命運是否早已寫好？我們是否只是劇本裡的角色，在天意下完成一場既定的演出？

你相信命中注定嗎？在談論生命的不確定性時，我們總想解釋自己的成功與失敗，並且試著控制未來的發展。然而，世界往往處在混亂的狀態，無論自己付出多少努力，似乎仍被某種看不見的力量決定了預定的道路。

每一個人在出生前，彷彿都被寫好了一部劇本，我們則照著上面的指示演出。這提供了秩序感，讓人相信一切的發生都是有原因的。然而，這種預定的性質也可能令人窒息，讓我們感到無能為力。

即使如此，仍該相信凡事發生都有原因，也都將有利於我。

> 上帝發牌，
> 你玩牌。

時空謎題

題目 關於「夫餘國王」的事蹟，符合下文敘述的是：（多選）

北夷橐離國王侍婢有娠，王欲殺之。婢對曰：「有氣大如雞子，從天而下，我故有娠。」後產子，捐於豬溷中，豬以口氣噓之不死；復徙置馬欄中，欲使馬藉殺之，馬復以口氣噓之不死。王疑以為天子，令其母收取奴畜之。名東明，令牧牛馬。東明善射，王恐奪其國也，欲殺之。東明走，南至掩淲水，以弓擊水，魚鱉浮為橋，東明得渡。魚鱉解散，追兵不得渡。因都王夫餘，故北夷有夫餘國焉。（王充《論衡》）

（A）為橐離國王和侍婢所生，因其出生時間而被命名為東明
（B）曾被棄於豬圈馬槽，不僅未受傷害且受到豬馬呼氣照護
（C）其母為侍婢而被視為奴僕，後因善騎射被派去放牧牛馬
（D）為救母而謀反，事敗後南向逃至夫餘，於是成立夫餘國
（E）逃避追殺至河邊時，魚鱉浮出讓他踩踏而渡，得以免難

答案：(B) (E)

🎯 真相揭曉

辨識事件順序

　　本題關鍵在於理清東明的生命歷程與事件順序，避免因敘述順序的錯置而混淆因果關係（當然，你想以辨識關鍵細節〔5W1H〕思考，也能完成作答）。

誰是怪物？誰是英雄？

#112 學年度　#補江總白猿傳

〈補江總白猿傳〉是一篇唐代傳奇小說，篇名中的「補」是補充說明的意思。小說敘述了梁朝大同末年，政府派了兩支軍隊南征，其中一支軍隊係由歐陽紇所率領，很順利地平定了南方的部落，也深入了更危險的地方。

歐陽紇的妻子膚色白皙，是名美麗的女子，這讓部落裡的族人發出警告：「這裡有神靈會抓走美麗的女子，你要小心一點。」到底什麼神靈會做這種擄人的壞事？顯然，這是面對陌生的強大力量所產生的擔憂與畏懼。同樣的，歐陽紇即使是外地人，也感染了緊張的氛圍，心裡懷疑又害怕。

儘管如此，歐陽紇依舊做了一些準備，他命令士兵圍住住所，把妻子藏在密室中，緊閉門窗，並且派了十多名侍女守衛。當晚，陰雨晦暗，大約凌晨三點到五點之間，依舊如死亡般寂靜，看守的侍女覺得疲憊，便打起瞌睡。忽然有什麼東西製造了動靜，驚醒半夢半醒的侍女，等到她們轉頭一看，歐陽紇妻子已經消失不見。

歐陽紇花了非常大的努力，先是找到妻子的一只鞋子，接著聽見女子的說話聲與笑鬧聲，似乎從山頂上傳來。

於是歐陽紇帶著一批壯漢攀援而上，發現山頂上的景觀十分美麗，也的確有一群美麗的女子正在玩耍。

經過詢問後，歐陽紇找到了自己因病而躺臥在石床上的妻子，但妻子見到他時，僅回頭看了一眼，便立刻揮手示意他離開。

先前見到的美麗女子們為歐陽紇解釋一切，原來是有一個擁有巨大力量的怪物控制了眾人。想要逃生，就得安排計畫殺死怪物，而且必須準備以下三項物品：美酒、肥狗、麻。

好似 RPG 電玩般，歐陽紇準備的物品一一派上了用場，那群女子順利將怪物綁在床上，原來是一隻大白猿。

歐陽紇等人衝上去補刀，卻發現大白猿全身如鋼鐵般堅硬，刀子根本無法造成傷害，直到他們找到肚臍下這個弱點，才順利插進大白猿的身體之中，瞬間血流如注。大白猿憤怒地大叫：「此天殺我，豈爾之能。」然後又向歐陽紇強調：「你老婆已經懷孕了，不要殺肚子裡的孩子，他會光耀你的宗族。」

一年後，歐陽紇妻子生下一個像那隻大白猿的兒子，接著又被江總收養，長大成為當代著名的書法家——歐陽詢。

這篇小說當然有諷刺歐陽詢的意味，嘲弄了他的容貌與身形；是說，特別寫篇故事來攻擊不喜歡的人，也不知道該不該表示佩服或讚嘆。然而，這篇〈補江總白猿傳〉還是頗為有趣，雖然「英雄救美」已經成為老套的劇本，過去的人們相信英雄需要克服困難，進而證明自己的價值——拯救美麗的女子，即是展示了這種價值。

在現代的故事裡，美女不需要等待英雄的到來，自己也能打倒恐怖的怪物，或是邪惡的火龍。英雄也是如此，當他踏上戰鬥的旅途，不再是為了榮譽與愛情，而是更複雜的動機。

我們很難像神話或傳說中的英雄一樣，以神奇的力量來拯救他人；可是在現實生活裡，願意支持他人、克服自己弱點的人，也算是英雄——只是沒有**寶劍與披風**。

> 想獲得英雄的勳章，
> 第一個要打倒的就是你心中的怪物。

時空謎題

題目 依據下文，□□內最適合填入的詞語依序是：

紇妻纖白，甚美。其部人曰：「將軍何為挈麗人經此？地有神，善竊少女，而美者□□□□，宜謹護之。」紇甚□□，夜勒兵環其廬，匿婦密室中，謹閉甚固，而以女奴十餘□□之。爾夕，陰風晦黑，至五更，寂然無聞。守者怠而假寐，忽若有物驚寤者，即已失妻矣。（〈補江總白猿傳〉）

（A）其來有自／疑懼／迎候
（B）其來有自／倨傲／伺守
（C）尤所難免／倨傲／迎候
（D）尤所難免／疑懼／伺守

答案：(D)

真相揭曉

辨識事件順序

　　選項中的「其來有自」意指事物的發生有其根源，「尤所難免」則表達更難避免的情況。解題時，應按時間順序分析語境，確保詞義與事件發展相符。

背叛者的憐憫

#111學年度　#龔鼎孳　#吃野菜說

　　國家滅亡後，你會選擇繼續為新的國家效力嗎？

　　當你成為另外一個政權的官員時，便會被視為背叛者，明朝末年的龔鼎孳正是如此。更糟糕的是，龔鼎孳先是投降李自成，又再投降攻占北京的清廷，一個人能這麼快速地變換陣營，也是難得一見。

　　投降一次不夠，那你有沒有投降第二次？

　　所以，不僅原本的明朝遺民瞧不起龔鼎孳，連清朝官員也覺得他沒什麼說話的資格。但這樣的一個人，曾經寫了一篇〈吃野菜說〉，似乎表露了對於窮困者的同情。

　　文章提到，剛下完雨，地上冒出綠草，園中也出現了許多野菜，四處充滿著新鮮的綠色。若是推開門，很容易就發現：又是一個美好的春日。

　　看見什麼吃什麼，龔鼎孳的家人們蒐集野菜，做成健康的羹湯，勉強還算能填飽肚子。一筷一匙之間，仍可聞到野菜的香氣，好吃或許稱不上，但頗有大自然的風味。

　　蘇軾以前也有類似經驗。夜半飲酒醉時，沒有解酒之物，於是隨手摘取蔬菜來吃，並且覺得這種味道含有泥土的精華，而

其氣息蘊藏了風霜露水，比高級餐廳的食物還好吃。蘇軾表示：「人生要得不多，何必那麼貪心。」龔鼎孳同意蘇軾對野菜的看法，好吃的野菜竟然埋沒於荒野之中，只有窮人才吃得到，吃上一口，勝吃十天 buffet。

窮人不僅要吃，更要請有錢人吃看看。

為什麼？當時的社會狀況比想像還要淒慘，到處都有飢餓無比的人們，勉強依靠鳥的糞便和樹皮維持生命。這還不是最可怕的，當人們飢餓到了極限，遍地尋不到可以放進肚子的食物時，只好與野鳥爭奪死人的殘肢斷臂。

唉！龔鼎孳感慨了起來。那些有錢人完全不能體會這種生活，他們吃著美味的食物，享受著美女以美手奉上的美酒，快樂地躺在華麗的墊子上，做著粉紅色的夢。顯然，有錢人清醒的時候不關心窮人怎麼過日子，更別提他們在夢裡也是一樣，裡面沒有憐憫，沒有慈悲，沒有其他卑賤的生命。

以前的人說，民眾不能有如野菜般青黃的臉色，知識分子不能沒吃過粗糙的野菜──的確如此。

一個人如何感受另一個人的苦痛？透過用心傾聽並想像自己處於對方的處境，可以感受到他們的喜悅、悲傷或痛苦。又或者，經歷過類似的情境，就能更直接地與他人的痛苦產生共鳴，形成一種共同的理解。

你越是注意對方的肢體、話語、口氣，以及一切未曾明確表示的訊息，越是可以發現黑暗深處的呼喊。

至於為什麼我們需要關心他人的苦痛？大概是因為人與人之

間有著無形的連結,對方的苦痛也間接影響著我們,無人能置身事外。

> **接近苦難你不會快樂,**
> **但你將懂得如何慈悲。**

時空謎題

題目 關於下文的寫法與文意,敘述適當的是:(多選)

　　新雨後,綠蕪如髮,園蔬葉葉,青滿畦徑。啟扉視之,知一年春事又將爛漫矣。家人間擷作羹,劣得一飽。野香拂拂,從匕箸間出,誠有如子瞻所謂飽霜雪之精、味含土膏者。獨憐此物沒蓬蒿中,與貧士為伍,寒窗一嚼,勝十日太牢,甚不可進於達官貴人、鐘鳴鼎食、芍藥饌、朱砂羹之口。今中原嗷嗷,道殣相屬,雁糞榆皮,所在仰以為命。甚且折骨解肢,與烏鳶爭攫啄之利。吁,可悲也!彼達官貴人日啖釀鮮,當翠袖奉巵,華茵度夢時,亦曾念及野人藜藿不繼無耶?昔人曰:民不可有此色,士大夫不可無此味。知言哉!(龔鼎孳〈吃野菜說〉)

(A)本文先敘眼中所見春景,繼而談及野菜之味,接著再論心中所感,最後歸結到對士大夫的期許
(B)作者援引蘇軾之文,表達野菜飽含天地精華,並認為對

未得功名的寒士而言，野菜的滋味勝過太牢之饌

（C）文中提到「中原」的現況是：發生饑荒，路有餓莩，而烏鳶甚至還與饑民搶食其賴以維生的雁糞、榆皮

（D）本文出現兩次「達官貴人」，前次意指野菜不可能入其華宴，第二次批判他們對於下層人民生活的漠然

（E）「不可有」，意指不可讓人民有如菜的面色；「不可無」，指士大夫須食野菜，方能回歸素樸自然之味

答案：(A) (B) (D)

真相揭曉

辨識事件順序

　　順敘通常按照時間先後，事件依序展開，如「看到春景→品味野菜→聯想到社會現狀→提出批判」。若文章中途回憶過去，則可能包含插敘，須辨別主線與回插內容的關係。

　　「新雨後」表明事件發生在當下，接著「啟扉視之」顯示作者親眼所見，「知一年春事又將爛漫矣」則是時間上的自然推進。之後寫到「今中原嗷嗷」，對比百姓困苦現狀，屬於從眼前所見逐步轉入社會批判，符合順敘邏輯。

　　至於（避開選項陷阱）選項 C 可能會讓人猶豫是否選擇，但文章中「甚且折骨解肢，與烏鳶爭攫啄之利」指的是饑民為了填飽肚子，與鳥類爭奪屍體的情節。至於「雁糞」與「榆皮」，雖然饑民確實將其當作食物，卻並未發生與鳥類爭奪的行動。

古代的司法與社會正義

#113 學年度　# 名公書判清明集

南宋《名公書判清明集》收錄了當時的訴訟判決書和官府公文，其中一則提到買賣兒童的犯罪行為，由此又牽扯出關於父母對子女的撫養責任。

因此，這則判決書才會先強調：

- 父親年老而兒子不能奉養，這是兒子的過錯。
- 兒子年幼而父親不能撫養，則是父親的責任。

這不僅呈現了當時社會對人倫秩序的重視，也揭示了在法律與倫理層面對父母與子女責任的明確要求。

事情是這樣的，衡州知郡的孫子劉珵，將自己的兒子劉元老賣給同鄉的鄉民鄭七。根據判決書的敘述，劉珵雖然有著官三代的身分，卻沒有維持知識分子的身分，反倒是從事農耕的勞力工作，家境似乎不是太好，所以才會被迫賣掉自己的小孩。

的確，劉珵的狀況令人同情，看起來是一位因貧窮而走上錯誤道路的父親，他接受了自己悲慘的現況，不得不與兒子分離。

但劉元老不接受這樣的對待，被賣到鄭七家中的他，看準機

會逃回原本的家裡，想要重拾天倫之樂。正常來說，劉珵有兩個選擇：

第一、做回父親，重新養育兒子長大。
第二、送回兒子，繼續各過各的生活。

沒想到，劉珵選了第三個沒人想到的選項：再次轉賣兒子。

這次劉珵將兒子轉賣給程十乙。對於如此行為，判決書上的語氣非常嚴厲：「可謂敗人倫、滅天理之已甚者！」認為劉珵應該知道自己的錯誤，然後親自撫養兒子長大。可是他沒有這樣做，更不是還給鄭七，而是再賣一次兒子，企圖獲取兩份金錢，顯然他已經失去做人的資格（作為賣家也不合格啦！要給負評）。

鄭七發現這件事，便一狀告到法院裡，想要討回劉元老，但審理此案的法官認為時間已過了三年，再讓劉元老回到鄭七家中太遲了；更何況劉家與鄭家身分有別，一邊是官宦世家，一邊是普通農民，彼此的想法落差太大，不該繼續維持認養關係，甚至還有點懷疑鄭七現在告狀的動機。

至於劉珵賣了自己兒子兩次，沒有扮演好父親的角色，本來就應該接受杖刑；但由於他生在官宦世家，按照規定可因此減輕懲罰的內容，所以最後判決用小杖責打二十下。

那麼劉元老又該何去何從？法官審理的結果是，讓劉家的族長收養，希望藉由家族的力量矯正劉元老的行為。

明明劉元老沒做錯事，是要矯正他什麼東西？根據法官的觀察，認為劉元老沒有接受良好的教育，已經表現出奸詐狡猾的神情，再加上他的行為也開始逾越法律與道德的界限，所以希望能藉由這次的判決，協助劉元老返回正途，以免繼續墮落下去，成為另一個他老爸，弄髒了曾祖父代代傳承的榮光。

「這樣超讚的。」法官說。

按道理，收錄這則故事的知識分子應該認為判決十分公正，對於各方面都能做出合宜妥當的處理，但最後我仍為孩子的未來感到擔憂，畢竟裡面最不幸且無辜的就是他了。

為孩子貼上「壞」標籤總是容易的，因為他們沒有足夠的力氣撕下它。我們應該問的不是：「這個孩子有什麼問題？」而是：「這個孩子經歷了什麼？」當然，孩子出現了各種成人無法接受的狀況，不過與其將他們視為壞孩子，或許更應該注意成人是否提供了情感支持、信任，以及明確的指引。

如果成人作為相對聰明、成熟的個體而存在，似乎就該承擔比較沉重的責任。當孩子不知道如何表現負面情緒時，就容易產生破壞性行為。的確，這看起來會像是瘋了一般，不受控制、甚至造成傷害，但你無法期待溺水的人在求救時依然維持理性的呼喊。

> 沒有無緣無故的黑暗，
> 只有忘記點亮燈火的人。

時空謎題

以下兩題為題組。閱讀下文,回答題1和題2。

　　父子,人倫之大。父老而子不能事,則其罪在子;子幼而父不能養,則其責在父。劉玨為衡州知郡孫,有男元老,幼不撫養,而賣與鄉民鄭七。棄衣冠而服田畝,情亦可憐,此猶可諉也,曰劉玨一時為貧之故。已而,元老不安於鄭七家,逃歸本父,劉玨固宜復回天理,自子其子矣,乃復以元老賣與程十乙,則其意安在哉?可謂敗人倫、滅天理之已甚者!今鄭七入詞,欲取回元老於已去三年後,此決無復合之理。……劉玨兩將元老賣弄,為父不父,本合勘杖,且與從蔭,決小杖二十。元老牒押往族長劉萬二宣教宅,聽從收養。觀此子情貌奸狡,兼所習已乖,請萬二宣教嚴與鈐束,庶免墮落下流,為衣冠之玷,亦一美事。(《名公書判清明集》)

※ 入詞:具文陳述。宣教:指宣教郎,官名。

題1 若依下圖當代判決書要項,觀察上列古代判決書,最符合文中所述的是:

當代判決書的要項

◎當事人:起訴(原告)與被訴(被告)兩造。
◎事實:訴訟雙方主張的事實,非法官採認的事實。
◎主文:法官對該訴訟的決定。
◎理由:法官對為何這樣判決的說明。

（A）當事人：程十乙為原告，劉玾、鄭七為被告
（B）事實：鄭七有償獲得元老，自認有理由繼續保有養子
（C）主文：劉玾須賠償鄭七，並不得與元老恢復父子關係
（D）理由：鄭七已撫養元老三年；元老已對生父心懷不滿

題2 下列敘述，最符合上文寫作方式的是：
（A）全文大致先提出法律規定，再說明案件違背該法條，最後敘述判決結果
（B）說明案件時，先列被告自陳的事實，再敘原告的反駁，再舉證人的佐證
（C）以「其罪在子、其責在父」為綱領，依序指陳「子不子、父不父」之過
（D）時見教化口吻，除對悖倫者嚴辭訓斥，並期勉受託者負起維護禮教之責

答案：1.（B）2.（D）

🎯 真相揭曉

題1：跨文本背景對應

　　題目要求找出與當代判決書要項最符合的選項，你得先釐清「誰是原告？」與「訴求是什麼？」，然後根據「當代判決書」提及的定義，檢索文章中的相關資訊（這類題目都需要很多的耐心，可是考試的壓力常讓人失去耐心）。

題 2：推論隱藏的時間資訊

　　本題應從時間順序的解題思維切入，分析判決書的結構與行文方式。文章先點出父子之道的倫理綱領「其罪在子、其責在父」，再依時間順序描述案件發展。此外，判決書帶有教化意味，既譴責違倫之人，也勸誡受託者應善加管束。

人才不會消失，
只是換個地方發光

#107 學年度　# 王國維　# 東山雜記

據我所知，人才的條件沒有固定的標準，而是能對時代和環境產生積極的影響——解決當下的問題，並且引領變革，推動社會和產業的進步。

按道理，社會或職場上的人才越多越好，但某些人似乎會觀察到比較悲觀的現象，認為人才的培養與發揮受到限制，甚至覺得「一代不如一代」，或是「一屆不如一屆」。

晚清歷史學者王國維引用了《避暑錄話》對於「人才漸少」的論述。在這本記錄北宋軼聞雜事的書籍中，提到從唐到五代呈現一種人才凋零的狀況，整個國家似乎處在衰退的趨勢裡。《避暑錄話》則有不同看法，認為那些人才沒有從事政治、學術等相關工作，而是轉向選擇研究佛教經典，並成為知名的僧人；若是把他們放在政府機關之中，也會是能力很好的官員或學者。

不過，這也是國家之所以無法維持強盛的原因。

「此論天下人材有定量，不出於此則出於彼，學問亦然。」據此，王國維歸納出一個結論：人才有一定的數量，不是待在這個領域，就是待在那個領域。換句話說，人才往往依據時代、社會需求和自身興趣，選擇投入特定的行業或領域。人才流向某些

領域,可能是因為這些領域提供了更大的發展空間、創新機會或更好的薪資,其他領域則相對缺乏這些吸引力,因而導致人才分布不均衡。從這樣的論述裡,王國維再延伸到學術發展,認為兩者的狀況非常相似。

以元、明兩個朝代來看,王國維主張當時除了沒有什麼特殊的學術成就,更別提詩文等文學創作,也無法超越唐宋的知識分子,似乎已經走到了學術與文學的死路。然而這種表面上的停滯並不能代表整個時代,儘管學術和文學的發展或許在某些方面顯得沉寂,但其他形式的文化活動,卻展現出猛烈的生命力——許多書法與繪畫大師在此一時期陸續登上歷史的舞臺。另外值得一提的是,所謂「接武」係指腳步接著腳步的意思,這裡用來譬喻連續而不間斷的狀態。

至於王國維所處的時代,他自己認為情況則似乎相反過來,藝術的發展不如學術那樣興盛。

總之,任何事情都無法同時在兩方面都達到極致,這是正常的現象。

過往的時代裡,人才各自追求不同專業的領域,無論是文學、藝術、哲學,還是科學技術,這些選擇在當時的背景下都有其獨特的意義與貢獻。若是從現在的角度來看,這些努力並沒有價值上的差異。

宇宙的能量往往保持恆常不變,不僅是萬物的定理,人類的能量也是如此,每個人的心智與情感都如同宇宙中的能量,無論是創造還是消耗,始終在某種形式上得以維持穩定的狀態。

每一代人的智慧和努力並沒有隨時間而消逝,而是以不同的方式彰顯出來,只要能夠妥善利用,不要隨意浪費虛耗,必然可以超越前人的成就。王國維忽然做了一個頗勵志的精神喊話,你有燃起熱血嗎?我是沒有啦!

換成我們的處境,的確有些人似乎領先了一步,他們在學習上總是顯得特別輕鬆,於是我們容易覺得自己沒有才能,始終缺乏足夠的信心。然而時代不斷改變,大多數人都知道:能力其實是可以塑造和擴展的東西,就像手中的黏土一樣有無限的變化——具體能夠做些什麼,還是要看你自己。

> 天賦只是起跑線,
> 努力決定你能跑到哪裡。

時空謎題

題目 閱讀下文,最適合填入□□□□內的語詞依序是:

葉石林《避暑錄話》中多精語。其論人才曰:「唐自懿、僖以後,人才日削,至於五代,謂之□□□□可也。然吾觀浮屠中乃有雲門、臨濟、德山、趙州數十輩人,卓然超世,是可與扶持天下,配古名臣。然後知其散而橫潰者,又有在此者也」云云。此論天下人才有定量,不出於此則出於彼,學問亦然。元明二代,於學術蓋無可言,至於詩文,亦不能出唐宋範圍,然書畫大家□□□□。國朝則學盛而藝衰。物莫能兩大,

亦自然之勢也。（王國維《東山雜記》）

（A）空國無人／沒沒無聞　　（B）空國無人／接武而起
（C）人才輩出／沒沒無聞　　（D）人才輩出／接武而起

答案：(B)

🎯 真相揭曉

識別時間轉換語詞

　　首先，「人才日削」意指人才逐漸減少，最終趨近匱乏。如成語「日削月朘」，形容不斷損耗，對應五代時期人才凋零，因此選「空國無人」。接著，轉折詞「然」標誌了對比，說明學術、詩文無大發展，但書畫領域仍然繁盛。「接武而起」中的「武」指足跡，形容書畫大家傳承不斷，符合文意脈絡。

不管多有理想，
你都得待在現實裡

#113 學年度　　#桓寬　　#鹽鐵論

　　西漢始元六年，一場討論鹽鐵專賣的辯論大會正式開始，代表正方出場的是御史大夫桑弘羊等人，他們支持由政府實行專賣制度；代表反方出場的則是來自各地的儒家知識分子，這一群人則認為政府不該與民眾爭利，必須重新檢討國家的財政政策。這場會議由桓寬負責記錄當時的會議內容，即是《鹽鐵論》。

　　在〈刺復〉一卷中，由儒家知識分子回擊桑弘羊等人的主張。首先，桑弘羊主張眼前這些讀書人的意見脫離現實，過於理想化，甚至沒有參與政策的推動與施行，完全不能理解政府的困難。

　　對於這樣的質疑，儒家知識分子則回應：「任能者責成而不勞，任己者事廢而無功。」如果政府知道該怎麼做才是正確的，就不會覺得困難與疲憊；《尚書》有提到怎麼管理政府部門，建議長官讀一下──任用有能力的下屬就不累。

　　為了證明自己的想法正確，儒家知識分子們以齊桓公與管仲的關係做例子，只要能夠信任與依賴自己的政府官員，那麼唯一會感到疲憊的時候，只有在徵選政府官員的過程。

　　接著又提及古代的周公，認為他治理國家時，為人謙虛，不

爭名奪利，一心想安撫和團結天下的賢士，所以各地的能人志士紛紛來投靠他，賢才智者擠滿了他的門庭。

此外，孔子也是如此，他雖無任何官職，身邊卻聚集了七十多位人才，他們大多都成為各國的重要官員。

如果連孔子這樣的平民都能吸引那麼多人才，更不用說身居三公之高位、擁有豐厚薪水的人，更應該廣納天下有能力的知識分子。

反觀你們這些政府官員，沒有辦法吸引真正人才，顯然是因為缺乏合適的選才之道。

應該學習堯選擇舜那樣，雖身為統治者，卻親自迎接舜，甚至將女兒嫁給他，充分展現對賢能之士的親近之情。

又如齊桓公對管仲，以賓客之禮相待，甚至尊奉為師，表現出極大的敬重。這些作法都體現了「親賢」與「敬賓」的態度，優秀的人才會願意加入政府機關做事，並且確認自己是獲得信任與優待的。

更何況，現在的政府機關既沒有燕昭王那樣禮賢下士的胸襟，也不懂得像《詩經・鹿鳴》那樣用心尊重賢才。反而像臧文仲和子椒那樣，埋沒、嫉妒有才之人，還自以為是天底下最聰明的。

他們不僅愛批評別人的才能，還自我感覺良好，從來不肯虛心請教。更有趣的是，他們看不起知識分子；不建立關係也就算了，還仗著自己的官位霸凌別人，靠著高薪在那邊裝模作樣，當然得不到幫助。

說實話，香蕉只請得到猴子，但現在你們只給根香蕉，還對猴子態度惡劣，連猴子都不想來啦！

關於《鹽鐵論》，辯論的雙方各執立場，彼此都想占據道德的高處，並提供相對應的解決策略，但我們向來很難分辨以下兩種類型的人：

有些人願意追求理想，那是因為他擁有崇高的目標與信念；但有些人不是如此，他們只是希望現實如此，避免挑戰對自己不利的事實。

> 理想可以是免費的，
> 完成理想一定得要錢。

時空謎題

題目 下列是一段古文，依據文意，甲、乙、丙、丁排列順序最適當的是：

昔周公之相也，

甲、皆諸侯卿相之人也

乙、是以俊乂滿朝，賢智充門

丙、謙卑而不鄰，以勞天下之士

丁、孔子無爵位，以布衣從才士七十有餘人

況處三公之尊以養天下之士哉？（《鹽鐵論》）

※鄰:通「吝」,吝惜。

(A) 甲乙丁丙　　(B) 甲丙乙丁
(C) 丙甲丁乙　　(D) 丙乙丁甲

答案:(D)

🎯 真相揭曉

推論隱藏的時間資訊

　　先確定文章主旨,再從文章結構推測順序。不過這仍須具備一定的古文閱讀能力或國學常識,若無法理解「七十有餘人」係指孔子的七十二弟子,或對開頭提及的「周公」感到陌生,便難以掌握文章脈絡,使排序更具挑戰性。

　　此外,也可透過「過渡語意」解題,利用過渡詞判斷句間關係,如「是以」表示因果、「況」表示遞進,從而確認句子間的邏輯順序,有效推理最適當的排列方式。

抓小偷

#111 學年度　#紀昀　#閱微草堂筆記

　　現代人偶爾會看星座運勢，過去的人們則相信「奇門遁甲」，兩者都係從觀測天文星象推知人事禍福吉凶的方法。

　　所謂奇門遁甲，是由「奇」、「門」，以及「遁甲」三種概念所組成的系統。大概是因為名字看起來很厲害，後來逐漸變成一種法術的代稱，類似漫畫《火影忍者》中會出現的各種你不太可能有機會練成的招式。

　　清代的紀昀認為，那種動漫會出現的奇門遁甲確實存在，但不是用一百元就能在書店裡買到的書籍，真正的奇門遁甲會以幾句口訣作為傳授的方式，而非寫成白紙黑字。

　　紀昀接著說了一則故事，證明自己的看法。

　　德州除了炸雞、撲克牌，以及電鋸殺人狂之外（誤），還有一個叫做宋清遠的男人（故事的德州在中國的山東）。

　　宋清遠表示，自己曾經拜訪一位朋友，並在朋友家中暫住一晚。

　　「晚上的月光很亮，我請你看齣好戲。」朋友當時提出了這樣的邀請，宋清遠應該不太能理解朋友話中的意思——一般的民宅到底可以看到什麼表演？接著朋友拿出了十多張凳子，直橫交

錯地排列在院子裡，然後再點起蠟燭，似乎想和宋清遠來一次浪漫的燭光酒會。

大約晚上九點左右，有個人翻牆進到院子裡，以很艱難的姿勢跨過原本擺放好的凳子，來回跳了好幾百次，最後終於累倒在地上，而太陽也出來了（你們也旁觀太久了）。

抓到了！朋友把已然累倒的那人帶到大廳，開始一連串的詢問——這其實也是明知故問，晚上不睡覺闖進別人家，當然是要做壞事。而那人也很坦白，承認自己是個小偷，但沒想到一進來就遇見怪事：他發現裡面設置一道道的矮牆，無論怎麼往前跨過，都無法抵達盡頭；反過來往後跨過，也一樣到不了盡頭（題目中提到的「曲踊」就是跳的意思）。

現在被抓到了，小偷也覺得沒力氣再做出反抗，願意接受任何處罰。

不過，宋清遠的朋友只是笑著讓小偷離開，然後解釋：「昨天我就預測到有小偷要來家裡，趁機會用法術戲弄他一下。」

這時宋清遠才意識到，所謂的表演竟然是小偷跳凳子，忍不住好奇心大作：「這是什麼法術？」

朋友很大方地告訴宋清遠，這是一套名為「奇門」的法術，如果讓別人學到這種法術，一定會迎來禍事；但宋清遠品格端正、個性謹慎，完全適合學習這套法術。

「想學嗎？我教你。」

「先不要。」

宋清遠拒絕了朋友的建議。真沒想到有人會拒絕變成火影忍

者的機會,或許朋友早預測到有這個結果,嘆了口氣說:

「願學者不可傳,可傳者不願學,此術其終絕矣。」想學的,我不敢教;敢教的,卻不想學。這法術注定要消失了。朋友臉上露出失望的表情,在淡淡的憂傷中,送宋清遠回家。

品格是最難教的。

學校裡,知識使學生具備應對挑戰的能力,品格則決定了他們以什麼方式應對這些挑戰。教室是社會的縮影,不同的個性、價值觀和成長背景聚集在一個空間。當學生被鼓勵以尊重、正直的方式行動,教室就會變成一個更安全、更健康的地方。

理想上的確如此,但價值觀是非常個人化的,每一個人都有屬於自己的解釋;更別提學生在校外可能得到相反的訊息,進而產生內在的困惑或衝突。即使如此,教育工作者仍在繼續努力關心學生品格的部分,因為成人往往來不及再被教育,僅能以篩選的方式決定誰能與自己相處,誰又無法被信任。

> 你可以選擇一個好人相處,但無法讓對方成為你心中的好人。

時空謎題

題目 甲、乙二文皆以記敘為主。關於文中運用的寫作手法,敘述最適當的是:

甲、道士笑曰:「我固謂不能作苦,今果然。明早當遣

汝行。」王曰：「弟子操作多日，師略授小技，此來為不負也。」道士問：「何術之求？」王曰：「每見師行處，牆壁所不能隔，但得此法足矣。」道士笑而允之。乃傳以訣，令自咒畢，呼曰：「入之！」王面牆不敢入。又曰：「試入之。」王果從容入，及牆而阻。道士曰：「俯首驟入，勿逡巡！」王果去牆數步，奔而入，及牆，虛若無物，回視，果在牆外矣。大喜，入謝。道士曰：「歸宜潔持，否則不驗。」遂助資斧遣之歸。抵家，自詡遇仙，堅壁所不能阻。妻不信。王效其作為，去牆數尺，奔而入；頭觸硬壁，驀然而踣。妻扶視之，額上墳起如巨卵焉。妻揶揄之。王慚忿，罵老道士之無良而已。（蒲松齡《聊齋志異・勞山道士》）

乙、奇門遁甲之書，所在多有，然皆非真傳。真傳不過口訣數語，不著諸紙墨也。德州宋先生清遠言：曾訪一友，友留之宿，曰：「良夜月明，觀一戲劇可乎？」因取凳十餘，縱橫布院中，與清遠明燭飲堂上。二鼓後，見一人踰垣入，環轉階前，每遇一凳，輒躡跚，努力良久，乃跨過。始而順行，曲踊一二百度；轉而逆行，又曲踊一二百度。疲極踣臥，天已向曙矣。友引至堂上，詰問何來。叩首曰：「吾實偷兒，入宅以後，惟見層層皆短垣，愈越愈不能盡，窘而退出，又愈越愈不能盡，故困頓見擒，死生惟命。」友笑遣之。謂清遠，曰：「昨卜有此偷兒來，故戲以小術。」問：「此何術？」曰：「奇門法也。他人得之，恐召禍；君真端謹，如願學，當授君。」

清遠謝不願。友太息曰：「願學者不可傳，可傳者不願學，此術其終絕矣。」意若有失，悵悵送之返。（紀昀《閱微草堂筆記・如是我聞二》）

（A）甲文從頭至尾順時敘寫；乙文「二鼓後，……友笑遣之」則是在順時敘寫之外插補的追憶
（B）甲文未見作者現身說法；乙文則隱然有作者身影，且於述說宋清遠及其友人的故事前表達看法
（C）甲文的「牆」是王生的學習場所，也象徵王生的心理障礙；乙文的「短垣」是偷兒的關卡，也象徵宋清遠畏苦怕難
（D）甲文藉妻「揶揄」與王生「慚忿」的對比，凸顯王生的愧疚；乙文藉宋清遠「謝」與友人「悵然」的對比，凸顯宋清遠的清高

答案：（B）

🎯 真相揭曉

辨識事件順序

　　這題出自 111 學年度學測國文考題的混合題部分（選擇＋填充），原為兩題的題組，由於下一題為表格填充題，內容是〈勞山道士〉，主要係抄錄符合題目條件的字句，因此這裡就不收錄了。〈勞山道士〉是高中課文，意指實際考試時真正需要閱讀的

其實只有《閱微草堂筆記》（當然，如果你沒上課，現場讀完這兩篇也不是不行啦……）。至於題目所問的「寫作手法」，在國文考試中相當常見，泛指作者在創作過程中，為了達成特定表達效果或提升文章表現力，而運用的各種技巧與方法，涵蓋表達、修辭、敘事、結構等層面。而選項 A 即是要你判斷敘事結構。

做一個島嶼的守護者

#112學年度　#洪繻　#籌海議

　　洪繻，本名攀桂，他在臺灣被割讓給日本後改名繻，字棄生，有少年立志之意，目的係想以生命奮力對抗日本的統治。

　　〈籌海議〉一文中，洪繻假想的敵人有俄國、英國、法國，以及日本，或許你會以為有中國，但洪繻那時候的立場正是中國，怎麼可能將其視為敵人之一？因此，一八九四年七月，甲午戰爭爆發；同年九月，洪繻寫下〈籌海議〉，提供海防籌畫上的建議，先分析當時的政治局勢，再以日本作為主要敵人，進行戰略上的說明。理想上，應該提前二十年進行備戰；實際上，日本已經打到家門口。那麼接下來的選擇有兩個：一是直接攻擊日本國土，二是重兵駐守朝鮮。

　　至於臺灣，也是重要的戰略要點，應該設立海軍，但目前只有陸軍可作為誘餌，引敵人上岸後再殲滅。

　　洪繻強調，若是進行海戰，需要數百名士兵操控船隻，四處展開追擊與防守，很難預測戰爭的變化，就算己方沒有太大的耗損，同樣的，敵方也是一樣；但就算只是想扮演防守臺灣沿海的角色，仍舊會造成疲憊。這種防守方式，真的頗令人感到煩悶。洪繻似乎比較傾向採取引誘敵軍再殲滅的方式，但他也沒有充足

的信心，認為需要經過精密的計算。

否則，一旦敵軍登陸，人民容易產生恐慌、軍隊也容易出現動搖，需要經驗豐富的將領與訓練有素的精兵，才有應對的能力。然而即使安排了戰術、戰略，洪繻還是覺得由誰執行任務才是關鍵。

接著，洪繻進一步指出，從臺灣人的立場出發，應該為臺灣做最有利的規劃，並從地理位置與戰略角度深入分析各大港口的特性：

- 臺北港：航道深且有天然屏障，進入相對容易，是適合用來執行誘敵靠岸的港口。
- 臺南港：雖然航道深，但缺乏屏障，敵方船隻進入的意願較低，無法發揮誘敵效果。
- 臺中港：以沙灘為主，戰船難以靠近，更遑論作為戰略部署的重點港口。

綜合以上分析，唯一能實現「誘敵靠岸再行殲滅」戰術的港口，非臺北港莫屬。

但是，比起澎湖，這三個地方的港口都不那麼重要。假使澎湖沒有守住，讓敵人得到這裡，便可穩定停泊戰船，隨時派遣小艇偵查與侵擾，進一步威脅臺中、臺南、臺北三地。因此，洪繻認為澎湖是防衛臺灣本島的重點。

除了關心臺灣之外，洪繻還提出幾項防禦的注意事項：先是

天津，次是山東，然後是長江流域，再次為遼東，最後是閩廣沿海。看起來，洪繻所謂的「海」並不僅限制在臺灣周圍，而是擴大到整個中國的周圍。

洪繻〈籌海議〉的最後，反倒是在討論如何維持少數民族部落的穩定，他認為臺灣的原住民雖然凶悍，但仍能和平共處；至於貴州、湖南、雲南，以及廣東等地就難以複製相同的形式——這些地區與海的關係沒那麼密切。

以現在的角度來看洪繻的〈籌海議〉，內容未必完善，但我覺得其中提到「生，臺人也，為臺灣計」一句很有價值，雖然他可能只是強調自己的重要性，而不是某種國族認同，但我們生長在臺灣這個小島，彼此都是海洋的子民，從小在陽光與波浪之間呼吸，品嚐著那鹹鹹的、濕潤的空氣。洪繻的話語或許只是策略性的修辭，但我們仍能從中讀出一種來自島嶼的責任感——那種根植於土地與海洋之間的情感，不必是國族，也不必是口號，而是一種生活其上的人，對這塊海中之地的深層認同。

島嶼不僅僅是土地，它是波浪低語的承諾，是潮汐刻下的故事。

按道理，我們的孩子要學會解讀天空的語言、浪潮的起伏，以及洋流的故事。站在陸地上太久了，久到忘記自己與這片藍色世界的連結，能夠站立、行走、奔跑，卻不知道如何游進大海。總會想起來的——如果我們血液還裡流動著鹽分的記憶，如果心跳還能與潮汐共振，如果耳邊依然能聽見海風的呢喃。

我們就會知道自己與這個島嶼已經緊密連結在一塊了。

> 我們離海洋這麼近，
> 應該要聽得懂浪花的語言。

時空謎題

以下三題為題組。閱讀下文，回答題1至題3。

　　我果戰士有勇，大將有謀，成算在胸，地利足恃，猶不如誘之登岸而設伏殲之。不然，汪洋海上以數百人操一舟，東馳西突，以角逐於勝負不可知之地，我即無恙，而彼之所挾者小，我之所勞者大，設防設守，形勢不亦懸乎！然誘之上岸，非有成算，則斷不可。蓋敵一登陸，民心易動，軍心易震，非宿將強兵不能得手也。生，臺人也，為臺灣計，臺北可誘之近岸，臺南則不可。蓋臺北港道深通而有屏蔽，彼之駐輪甚便；若登岸，則反失所恃。臺南則港門雖深，風浪甚苦，四圍無山，港中非可駐輪；彼不登岸，不能久居也。若臺中諸港，沙線淺灘，難駛鐵船。然澎湖不守，則敵人得之，安穩收泊。有時展輪四掠，有時載小艇窺闖，臺中難防，臺南、北亦可慮。
（洪繻〈籌海議〉）

題1 關於上文對清末臺灣攻守情勢的分析，敘述最適當的是：
（A）基於後勤準備已充足而可誘敵深入

(B) 由海戰與陸戰兩方面揭示敵我利弊
(C) 因船艦操作耗人力而主張放棄海戰
(D) 從軍民齊心的優勢判斷可無懼陸戰

題2 關於①、②是否符合上文看法，最適當的研判是：
①應加強澎湖海防，避免敵軍入侵臺北、臺中、臺南三地。
②依臺北、臺南地形評估，引誘敵軍自臺北登岸，是可行的戰略。
(A) ①、②皆符合　　　(B) ①符合，②不符合
(C) ①符合，②無法判斷　(D) ①無法判斷，②符合

題3 若依據上文設計一款戰爭攻略遊戲《海戰1894》，遊戲腳本中，根據不同的項目，會讓敵我雙方戰力值互有增減。設計者為此遊戲設定的戰力值項目**最不可能**出現：
(A) 將士經驗　(B) 地理環境
(C) 攻守路線　(D) 外援力量

答案：1.(B) 2.(A) 3.(D)

🎯 真相揭曉

題 1：辨識論述架構

若答錯，可能是因為文章並非直接給結論，而是透過層層遞進的分析（這種「層層」最容易讓人混淆）。先談海戰的困難，接著提出誘敵上岸的可能性，最後警示陸戰的風險，採用比較分析＋條件限制的方式鋪陳論點。若未梳理出這條「海戰難→誘敵可行→陸戰隱憂」的軸線，就容易誤解文章立場，導致選錯答案。

題 2：提取明確事實

這類題目通常會改寫或濃縮原文觀點，解題時應先回到文章，找到相關段落，確認是否有明確支持的論述。部分選項可能與原文部分相符，但細節有所偏差，因此須謹慎比對，確保答案完全符合文本內容。

題 3：提取明確事實

這題學生不太可能寫錯，若是真的沒得到這題分數，或許是因為錯誤推測歷史背景或未確實對應文章內容（還是要看文章啦）。

詩歌，
終究是寫給懂它的人看的

#110 學年度　# 王若虛　# 滹南詩話

關於「詩話」，大約起源於北宋，並在南宋達到興盛。它是一種文學批評的體裁，融合了對詩歌的鑑賞與議論。

王若虛是金代著名的知識分子，他的《滹南詩話》更是現在唯一的金代詩話集；在這裡，他提出一個觀察，認為大眾多數的詩歌創作者不喜歡孟郊和白居易，原因是「郊寒白俗」的關係，此乃歸納自蘇軾的一則評論：「元輕白俗，郊寒島瘦。」

所謂「郊寒」，是指孟郊的詩風以苦澀、冷硬的用字見長，營造出沉鬱而壓抑的氛圍；至於「白俗」，則是形容白居易的詩歌通俗易懂，語言平實明白──詩歌創作者不喜歡孟郊，是因為太多負能量；不喜歡白居易，是因為太簡單了。

是的，雖然詩歌未必要散播歡樂散播愛，但讀了太辛苦或創作起來沒難度，似乎都會減低它的吸引力。

然而鄭厚這位叛逆的知識分子並不同意。他向來喜歡走在與主流意見相反的道路上，經常對那些被視為「經典」的思想和文學提出挑戰。

鄭厚甚至曾公開發表過一些對孟子不敬的言論，這項舉動在當時引起軒然大波。他的言論很快遭到檢舉，隨之而來的是一場

對他思想的審判，最終導致他所有已出版的書籍都被收回燒毀。

這顯示了鄭厚的個性。連思想巨人孟子都敢挑戰，那麼王安石、蘇軾，以及黃庭堅等超級厲害的詩人，也未必能獲得他的重視：「抱歉，我認為孟郊與白居易比較厲害。」具體來說，鄭厚分別以兩個譬喻來說明孟郊和白居易的厲害之處：「樂天如柳陰春鶯，東野如草根秋蟲」。此指白居易像是春日楊柳樹蔭下的鶯鳥，孟郊像是秋天草根處的蟲子。被譬喻成鶯鳥還算可愛，但像蟲子就有點難接受了，孟郊說不定從棺材跳出來：「說誰蟲子？你才蟲子，你全家都蟲子。」

不過，這樣的對比強調了白居易的詩如同鶯鳥充滿生命力，並受大家喜愛；而孟郊的詩則像蟲子，掙扎在生命的邊緣，承載著一種難以忽視的痛苦與深邃。據此，王若虛提出一個疑問：鄭厚為什麼給予孟郊和白居易有別於一般大眾的評價？

「哀樂之真，發乎情性，此詩之正理也。」王若虛強調，創作詩歌的正確作法，便是表現真實的情感，你開心就說開心，你難過就說難過，做一個真實的自己。那麼所謂的寫作技巧或詞藻運用，就不是那麼重要，而是該反映人類情感最深層的部分——寫出有溫度、有生命力的文字。

記住，表現真正的自己。

你應該喝醉，那將讓你說出真心話；你應該寫詩，那會讓你寫下情感深處的渴望。不願說出的話語，只敢在夜裡偷偷傾訴的心事，皆能在筆尖流淌成一句「天涯共明月」。

不要壓抑自己的聲音，因為恐懼與害羞是詩的殺手——它會

綁住你的舌頭、禁錮你的手指,讓你的思考變得遲鈍。

詩是內在真實的回聲,是你與自己對話的另一個語言,當你放下一切顧慮,那些碎鑽般閃耀的文字將會傾洩而出。

> 詩歌就是這樣開始的,
> 一道傷疤或一抹微笑。

時空謎題

題目 關於下文王若虛的論述方式,說明最適當的是:

「郊寒白俗」,詩人類鄙薄之。然鄭厚評詩,荊公、蘇、黃輩曾不比數,而云:「樂天如柳陰春鶯,東野(郊)如草根秋蟲,皆造化中一妙」,何哉?哀樂之真,發乎情性,此詩之正理也。(王若虛《滹南詩話》)

(A) 運用對比映襯以凸顯詩人品格上的差異
(B) 藉物象之喻強調詩人長於自然草蟲之詠
(C) 先述習見論評,再引前人說法表達觀點
(D) 先分述各家短長,再總論詩歌創作之道

答案:(C)

🎯 真相揭曉

辨識論述架構

先確認選項中「方式」的表達，再檢視後半部分的「內容」是否符合文章脈絡。因此，判斷時須拆解「先方式，後內容」的結構，確保兩者皆正確。若有遲疑，可能來自選項中的較不熟悉詞語，例如選項 C 的「習見」，意指「時常見到」，是用來描述某種普遍現象。

人才難覓，還是難用？

#114 學年度　#王安石　#材論

　　職場上有不少「慣老闆」，意思是苛刻員工的待遇，卻又愛抱怨找不到人才幫忙。古代也有類似的情形，姑且可以稱做「慣君王」，向來不畏懼任何事物的王安石，則寫了一篇〈材論〉指出問題的癥結所在。

　　首先，王安石十分確定世界上有許多人才，也願意為國家付出力量；但統治階層的高級政府官員（包含君王）並不是那麼希望看見優秀的人才，甚至不願意給他們施展才能的機會。聽起來很不可思議，但王安石提出三個統治階層的誤區：

　　第一、以為自己位於政治結構的金字塔頂端，不會受到基層人才好壞的影響。

　　第二、相信自己只要給予漂亮的頭銜與豐厚的薪水，便能吸引人才爭相應徵。

　　第三、不知道建立人才選拔與任用系統，只會在那邊擔心怎麼都一代不如一代。

　　以上的誤區造成的危害相同，但根據動機的差異，王安石認

為第三個誤區還有修正與彌補的空間，因為不小心踏進此誤區的統治階層，仍有想使用人才的意願，只是單純找不到適合的方法達成目標而已。

不過，王安石並沒有繼續提供具體建議，而是轉向說明為何人才不容易被發現。他提出的主張是「缺乏機會」。畢竟無法從外表辨識一個人的工作能力，長官必須給予相應的任務，作為某種考校工作能力的過程，藉此發現與發揮他們的過人之處。換句話說，不能光憑對方的簡歷與面試就做出判斷，如同跑最快的馬和最不能跑的馬，兩匹馬的體態看起來都差不多，得讓牠們實際比賽一次，才知道誰是冠軍；而員工也一樣，只要實際工作看看，就知道誰是人才（試用期記得給薪水）。

進一步來看，王安石定義的「人才」，就是正確的人被放在正確的位置上。所以，他不相信「人之有異能於其身，猶錐之在囊，其末立見」的道理，因為放在囊（袋子）中只是各種辨識方法之一，還需要其他不同形式的機會（像賽馬）試驗。王安石更認為，除了「正確的位置」重要，「正確的使用」也同等重要，就像「十步之外，箭矢快；十步之內，箭矢又快又準」，但如果把這麼厲害的箭矢拿來當成棍棒毆打敵人，根本和廢物沒兩樣。

按照這個邏輯，天底下不存在無能的人，只有沒放在正確位置、沒被正確使用的人。若能依循以上兩項指導原則，進而建立選拔與任用系統，最後也能完備教育人才的制度。

王安石是一個上古文化復興式的人物，他推崇所謂「先王之法度」，並認為這樣可以恢復到一千多年以前便存在的光榮與昌

盛。這當然有點過度理想主義，那個時代的制度放在現實的北宋社會裡，只會是一場災難——後來也證明王安石的新法改革確實製造了一場災難。

不過，寫下〈材論〉的王安石仍舊充滿信心，他重新回顧歷史上的三種類型人才：辯說之材、籌畫戰鬥之徒、謨謀諫諍之佐，都是應當時帝王的需求而出現。他強調，國家統治階層必須先做出心態上的改變，確定自己真的渴求獲得人才——只要你真心期盼，那麼願望自然實現。

所以，與其整天抱怨「現在年輕人不肯吃苦」，不如先問問自己：究竟是沒有人才，還是自己根本不想用人才？畢竟，再高效的 AI，再強大的電腦，放著不用也只是一堆電子垃圾。更別怪電腦跑不出好結果，有可能是你根本沒輸入正確的指令。

人才不缺，缺的是會用人才的大腦。

> **員工的高度，取決於長官的態度。**

時空謎題

題目 下文＿＿＿＿處，若要填入使文意前後連貫的文句，最適當的是：

　　吾聞之，六國合從，而辯說之材出；劉、項並世，而籌畫戰鬥之徒起；唐太宗欲治，而謨謀諫諍之佐來。此數輩者，

方此數君未出之時,蓋未嘗有也。_____。天下之廣,人物之眾,而曰果無材可用者,吾不信也。(王安石〈材論〉)

(A) 人君苟欲之,斯至矣
(B) 古之人,於材有以教育成就之
(C) 人之有異能於其身,猶錐之在囊
(D) 後之在位者,蓋未嘗求其說而試之以實也

答案:(A)

🎯 真相揭曉

辨識論述架構

　　本題關鍵在於填空句的邏輯順序,須確保前後文的銜接自然。文段先舉歷史事例,說明傑出人才的湧現與特定時代需求相關,接著指出人才並非天生就有,而是君主需求導致人才出現。因此,填空句應承接這一觀點,強調「若君主要,人才自然出」的論點,並引導下文反駁「無才可用」的說法。

霸王的悲劇

#108學年度　#司馬遷　#史記　#項羽本紀

　　司馬遷對歷史人物進行評價時，常用「太史公曰」的方式；在他撰寫完項羽的事蹟後，先提及一個關於舜有「重瞳」的傳聞——所謂「重瞳」，便是眼睛裡有兩個瞳孔，感覺很像漫畫裡主角的特殊技能。

　　司馬遷也聽說，項羽和舜一樣擁有「重瞳」，彷彿那兩人之間存在一條看不見的絲線，暗示項羽是舜的後代，如同漫畫《火影忍者》中的血際限界，只能經過血緣傳承下來。

　　因此，司馬遷暗示項羽之所以能快速崛起，便是繼承了舜的血際限界強大基因。

　　好了，先將傳說放置在一旁，司馬遷簡述項羽成為英雄前的狀況。當時秦朝出現嚴重的政治差錯，先是陳勝成為第一個反抗軍領袖，接著更多人加入打倒萬惡秦朝政府的行列，如同提供巨額獎金的競賽，大家都認為自己有機會成為唯一的勝利者。

　　項羽也是參賽者之一，但不是最被看好的領先群。他沒有任何土地可作為長期戰鬥的基地，也沒有穩固的後援力量，卻依然能敏銳地看準當時混亂的局勢，從民間竄出，迅速組建起自己的武裝力量。

只用了三年時間,他便率領各路諸侯滅掉秦朝,並且重新分配這塊大地的所有權。由於當時項羽能發出具有實質意義的政治命令,於是得到一個名號——「霸王」。

雖然項羽這個霸王的位置沒有坐太久,可是從司馬遷的立場來看,已經是非常了不起的成就,至少還沒有人能接近項羽當時的地位。

等到項羽決定放棄關中後,懷念起自己熟悉的楚地,於是進一步把當時的「義帝」楚懷王驅逐到遠方,畢竟只能有一位王站在權力與地位的頂點。但這項行為也遭受其他諸侯將領批評與埋怨;換句話說,項羽有點像是被輿論「炎上」,使得原本已經脆弱的關係更加岌岌可危。

司馬遷對此表示:「沒救了!」

司馬遷繼續闡述自己的想法,認為項羽自以為擁有極大的戰功,想用個人的智力解決問題,無法接受任何有價值的意見,或承認自己能力上的局限。

項羽堅持以暴力解決問題,畢竟身為「霸王」,不用拳頭還能用什麼方式?他希望藉著強大的軍事力量,維持世界和平。

悲劇發生了。五年之後,項羽失去國家,死在東城,當自己已走到生命的盡頭,項羽依舊沒有任何覺悟,更沒有反省自己的錯誤決策。

他說出了一個荒謬的藉口:「天亡我,非用兵之罪也。」

英雄末路,充滿了孤獨、冷漠、悔恨,以及逃避自己應該承擔的那分責任。

也許，英雄未必是善良的聖徒，他只是穿越風暴與挑戰的旅者，在光與影之間，行走於危險的邊緣。戰場上的呼喊讓他成為傳說，在和平的日子裡，他或許不過是個罪人。

我們稱他為英雄，不因他的純潔，而是因他在災難中挺身而出的無畏。有時候，道德的標準不再是準繩，只有處於危機中，他的意志才能被看見。

英雄未必選擇了正確的道路，但總是願意堅持走到生命的盡頭。

> 英雄注定落難，
> 那是超越凡人的證明。

時空謎題

題目 下列是一段古文，依據文意，甲、乙、丙、丁排列順序最適當的是：

夫秦失其政，陳涉首難，豪傑蜂起，
甲、三年，遂將五諸侯滅秦
乙、分裂天下而封王侯，政由羽出
丙、相與並爭，不可勝數
丁、然羽非有尺寸，乘勢起隴畝之中
號為霸王。（《史記·項羽本紀》）

（A）甲丙丁乙　（B）乙丁丙甲
（C）丙丁甲乙　（D）丁乙丙甲

答案：(C)

🎯 真相揭曉

識別時間轉換語詞

　　這類排列組合題可透過「時間標記」與「轉折關係」來確定句序。例如，甲句中的「三年」標示出具體的時間跨度，暗示經過三年後，事件發生重大變化，為讀者提供時間線索；丁句中的「然」則引入項羽，這類詞語通常用來表達前後情境的對比或轉折，顯示事件進程的變化。因此，先找出時間標記確定大致順序，再透過轉折詞推敲細節銜接，可更準確地排列句子。

討好有時只是自找苦吃

#111 學年度　# 劉基　# 郁離子　# 獻馬

　　劉基的《郁離子》是一部寓言故事集，其中有〈獻馬〉一則，提及春秋時期芮國國君曾經率領軍隊攻打「戎」這個少數民族，卻沒有忘記將戰勝後得到的戰利品「好馬」獻給當時天下的共主——周厲王。

　　一匹好馬等於一部好車，芮伯相信這麼做可以討得周厲王的歡心，畢竟這不僅證明自己的戰鬥能力，也宣示自己的忠誠。

　　但是，芮伯的弟弟芮季有不同的看法：「我勸你不要。」

　　芮季試圖阻止這件事情發生，他的理由是，根據自己對於周厲王的觀察，那個人向來貪得無厭；這樣也就算了，更糟糕的是他很容易相信別人的讒言，標準的昏君體質（我也有）。

　　假使你在與軍隊抵達的當天就獻上馬，大王身旁的人絕對懷疑你不只得到一匹馬，也會趁此機會向你索討，但你其實沒有可以用來應酬的馬，那麼危險就出現了。

　　小人總是這樣，只想不費力氣獲得好處，一旦事情不如他們預料的順利，便會展開不理性的報復。

　　芮季預測，那些人會向周厲王說芮伯的壞話；而那個什麼都聽進耳朵裡的周厲王，一定會相信毫無根據的謊言。

「你在給自己找麻煩。」芮季嚴肅地說。

可惜的是，芮伯沒有接受建議。果然有個叫榮夷公的，派人來找芮伯要馬。但沒有馬，怎麼給你？沒得到馬的榮夷公就故意誣陷芮伯：「他偷藏了好東西。」沒有證據的事，總是有笨蛋願意相信，周厲王就是那個笨蛋。

結果，周厲王生氣地把芮伯趕到遙遠的地方。送禮物還被處罰，芮伯也未免太可憐了。

芮伯無辜嗎？不，芮伯也有錯。錯在你既然已經知道那個人有顆貪婪的心，卻還開啟他欲望的黑洞，放任他吞噬你自己，這當然是你的錯。

這段結論來自於明代知識分子劉基，顯然不符合現代的價值觀。芮伯是個受害者，故事裡最糟糕的是周厲王，再來是榮夷公，再怎麼樣也不該檢討芮伯。

人們總會被發光的事物所吸引，可能是知識、財富，又或是另外一個人的才華。只不過社會要再殘酷許多，你的光亮可能呼喚來凶狠的獵食者，嫉妒你、控制你、傷害你，並奪走你原本擁有的東西。

這不代表我們應該熄滅自己的火花，為了怕被傷害而躲進黑暗的角落。我知道，我們渴望這個世界變得更好，可是現實總無法盡如人意。

你無法改變別人的邪惡，只能想盡辦法保護自己的善良。

> 想要保護自己的善良，
> 必須比邪惡更有智慧。

時空謎題

以下兩題為題組。閱讀下文，回答題 1 和題 2。

　　周厲王使芮伯帥師伐戎，得良馬焉，將以獻於王。芮季曰：「不如捐之。王欲無厭，而多信人之言。今以師歸而獻馬焉，王之左右必以子獲為不止一馬，而皆求於子。子無以應之，則將讒於王，王必信之。是賈禍也。」弗聽，卒獻之。榮夷公果使有求焉，弗得，遂譖諸王曰：「伯也隱。」王怒逐芮伯。君子謂芮伯亦有罪焉。爾知王之瀆貨而啟之，芮伯之罪也。（劉基《郁離子‧獻馬》）

題1 下列文句的「厭」，與「王欲無厭，而多信人之言」的「厭」意義相同的是：
（A）學而不「厭」，誨人不倦，何有於我哉
（B）館人「厭」之，忍弗言。將行，贈之以狗
（C）君子之道：淡而不「厭」，簡而文，溫而理
（D）近世「厭」常而反古，專尚奇麗。吾為衣食所迫，不能免俗

> **題2** 依據上文,關於文中人物對獻馬的看法,敘述最適當的是:
>
> (A) 芮季和榮夷公相同,都想從芮伯那裡獲得一匹良馬
> (B) 榮夷公和周厲王相同,都認為芮伯不應只獻一匹馬
> (C) 榮夷公和君子相同,都認為芮伯隱藏了其他的良馬
> (D) 芮季和君子相同,都認為芮伯之舉使王想得更多馬
>
> 答案:1.(A) 2.(D)

🎯 真相揭曉

題1:區分字詞義

「厭」有兩種含義:一指「飽足、滿足」,二指「憎惡、嫌棄」。這個詞常作為考題,建議特別留意其字義區別。

題2:識別時間轉換語詞

解題時可關注「將以」、「卒」、「果使」、「遂」等時間標誌詞,以理清事件發展順序。此外,不要因為陌生的名字和稱謂影響閱讀理解,應聚焦人物立場與行動脈絡。

歷史的真實與修飾

#103 學年度　#司馬光　#資治通鑑　#進書表　#戰國策

　　小時候打破水缸救朋友的司馬光長大後,似乎再也沒打破什麼規定或限制,非常忠實地在制度內完成任務。這次他完成的任務是編撰《資治通鑑》。

　　《資治通鑑》係於北宋完成的一部編年體史書,最初目的是讓帝王作為政治教科書,或者說,把歷史事件當成考古題,希望由此得到最佳的解答。

　　司馬光覺得自己並不聰明,也沒有什麼了不起的學術成就和工作能力,對於歷史還算熟悉,可說是一位熱愛歷史的宅男。他從司馬遷和班固等人的著作中發現一個狀況——字太多了。

　　普通的知識分子都無法全部閱讀完畢,更別提必須處理繁重國家事務的統治者,絕對沒有辦法挪出時間閱讀這些優秀的歷史書籍。

　　為了滿足帝王追求知識的欲望,司馬光決定製作上課講義歷史重點整理參考書,刪減冗長的部分,精選最核心關鍵的內容,主要是那些關於國家盛衰、百姓安危的歷史資料,試著從漫長的時間裡撿拾可供學習的知識,或是警惕自己的教訓。

　　司馬光採用了編年體形式進行編撰,希望使事情脈絡清晰、

前後有序,並且剔除繁瑣的細節,避免太多內容混雜在一起。

不過,個人的力量有限,司馬光其實沒有辦法獨自完成預定的計畫,仍須依靠國家機器的運作。於是,在兩任帝王的全力支持下,司馬光終於實現了編撰《資治通鑑》的夢想。

接著,司馬光介紹《資治通鑑》的編排格式。內容提及的時代係從戰國開始,到五代結束,共歷時一千三百六十二年,修成二百九十四卷。

又簡略列出事目,按年分編排國家大事,供人檢索參考,編成《目錄》三十卷。

不知道光是《目錄》就有三十卷的參考書,還能不能算是達成整理重點的目標?換成是我,翻到目錄就決定放棄這本書了。

此外,《資治通鑑》編寫過程中參考了各類書籍,考證相同與差異的部分,校正出相對正確的資料,司馬光再將這些解決疑問的過程集結起來,編成《考異》三十卷,共計三百五十四卷。

總而言之,〈進書表〉是司馬光在宣告完成《資治通鑑》並獲得統治者賜名後,向朝廷報告其撰述的動機、目的、過程,以及體例格式的重要文件。

由於書籍內容涵蓋的時間極為漫長,難免會出現錯誤與疏漏,司馬光因擔心未能做到百分之百正確而深感不安,這正是他極為負責任的表現。他不僅對歷史資料的引用懷有高度的自我要求,還展現了對歷史真相的敬重與謙卑。這種不斷反省、力求完美的態度,體現了他作為一位歷史學者的嚴謹精神。

不過,古代的知識分子擔任政府官員也太辛苦,明明沒真

的有錯,還要宣稱自己有錯;明明沒必要道歉,卻必須一直道歉(導師也是如此)。

歷史揭示了我們是誰。它連結過去和現在,並引導我們走向未來。它塑造了我們的身分,進而幫助我們了解自己在世界上的地位,還有我們存在的原因。或許不是每一個人都同意,但是,你得知道自己是誰,才能確認自己站在哪裡。

> 歷史是車子的後視鏡,
> 想要前進得更順利,仍得注意它。

有人說經典就是「經過長時間仍不會消失的典籍」,也有人說經典就是那本你知道,但永遠不會看的書。

無論如何,要能從過去保存到現在,或是讓人知道,都不是太容易的事情,而完成《戰國策》一書最了解這樣的困難。

從西漢劉向編修《戰國策》後,便展開一段多災多難的故事。雖然東漢高誘曾為它做注解,但由於內容不被重視,加上戰爭動亂的影響,到了北宋時,已變得殘缺不全。而這時的王覺仍未能看見曾鞏重新蒐集並補完的《戰國策》,僅得到由錢塘顏氏印刷的舊版本。

雖然王覺非常喜歡《戰國策》雄辯廣博的內容,可是錯字和缺字實在太多,完全無法知道該書真正想表達的意思。

後來,王覺在京師生活,認識了一些在國家圖書館工作的朋

友，從他們家中借來了幾本不同版本的《戰國策》，自己開始進行校對與修訂的工作，大概能編輯出六七成正確的內容。

王覺強調，雖然有些內容可從《史記》進行進一步的補完，但只要是那些舊版本《戰國策》沒提到的內容，他就不會輕易修改，仍依循那些舊版本的敘述，目的是為了表示個人對編輯一事的慎重。

講完自己對編輯工作的態度後，王覺轉向介紹《戰國策》的內容與價值。在那個動亂的時代裡，強大的國家想盡辦法吃掉弱小的國家；弱小的國家則想盡辦法保護自己不被吃掉。

這些國家為了達成「吃或不被吃」的勝利目標，需要優秀人才的協助，於是出現了遊說的風氣，每位知識分子都嘗試透過言語，向統治者證明自己的能力。

王覺清楚認識到，這些知識分子係以利益為基礎進行遊說，彼此合作或破壞合作，詐騙說謊或投機取巧，只為了完成國家賦予的任務或個人的野心。《戰國策》記錄了從春秋到秦朝之間的爾虞我詐、勾心鬥角，兩百多年來的興起、衰亡、成功，以及失敗，大概都能在這本書裡面讀到。

即使內容偏離了「正確」的個人責任與社會期待，王覺仍認為，書中提到許多巧妙的辯論技巧與說話藝術，不僅展現了「舌頭」的厲害，也揭示了言語在影響人心、改變局勢中的獨特力量，甚至還能感受到當時強烈的情緒。

所以，北宋的知識分子不應該忽視這部經典，雖然它依舊不夠完整。

剛好有出版社想要印刷王覺修訂後的《戰國策》，他也將書稿託付給他們，希望可以藉此機會推廣《戰國策》，順便讓其他的讀者能補正之前舊版本的錯誤。

關於錯誤，我們必須客觀地評估它，無論是在人際關係、職業或個人目標中，有意識的糾正都可以提高我們的能力，增強我們的自信心。王覺面對的是書，而大多數人面對的是自己的人生。

每個錯誤都蘊藏著學習的價值，我們不必急著批評自己或他人過去的失誤，而是選擇將它們視為能增加經驗的教訓，慢慢調整到舒服且合適的位置。當然，有些人的錯誤能成為經驗，有些人的錯誤就只是錯誤而已。

> 發現錯誤總是比較簡單，困難的是你如何回應錯誤。

時空謎題

題目 關於下列甲、乙二人的陳述，敘述正確的選項是：（多選）

甲	每患遷、固以來，文字繁多，自布衣之士，讀之不遍，況於人主，日有萬機，何暇周覽！臣常不自揆，欲刪削冗長，舉撮機要，專取關國家盛衰，繫生民休戚，善可為法，惡可為戒者，為編年一書，……上起戰國，下終五代，凡一千三百六十二年，修成二百九十四卷。

| 乙 | 予在京師，因借館閣諸公家藏數本，參校之，蓋十正其六七，……其要皆主於利言之，合從連橫，變詐百出。然自春秋之後，以迄于秦，二百餘年興亡成敗之跡，粗見於是矣！雖非義理之所存，而辯麗橫肆，亦文辭之最，學者所不宜廢也。 |

（A）「甲」強調該書的政治功能；「乙」肯定該書的言辭效益
（B）「甲」所修之書可能是《資治通鑑》；「乙」所校之書可能是《戰國策》
（C）「甲」和「乙」的陳述，皆為呈給皇帝的上書，勸諫治國應以歷代興亡為鑑
（D）《史記》、《漢書》是「甲」用以成書的主要材料，也是「乙」用以成書的主要憑藉
（E）〈燭之武退秦師〉可在「甲」所修之書中檢得；〈馮諼客孟嘗君〉可在「乙」所校之書中讀到

答案：(A)(B)

真相揭曉

推論隱藏的時間資訊

　　此題主要測驗國學常識，要求你從甲乙二人所陳述的細節中，分辨兩人分別提及的書籍：《資治通鑑》與《戰國策》，接

著判斷書籍的時代順序與內容特徵。此外，選項 E 進一步考察你是否記得課文的出處，確保你不僅能理解內容，還能準確對應相關典籍。解題時，須注意關鍵詞與語境，以確認選項的正確性。

這類考題雖然表面上沒有強調事件順序，但實際上要求你在閱讀過程中補充缺失的時間資訊，以建立書籍間的前後脈絡。

第 4 章
隱藏的訊息

凶手留下的隱藏訊息,如同麵包屑,
只有最敏銳的追蹤者才能找到。
──《福爾摩斯探案:歸來記‧跳舞的小人》,柯南‧道爾

調查指南

偵探這樣做
偵探在調查時,往往需要解讀隱藏於表面敘述之下的暗號、隱喻或象徵性語言,才能發掘真正的訊息。例如,一封看似普通的信件,可能在字裡行間暗藏密碼或關鍵暗示,必須深入分析才能揭露真相。

學生這樣做
學生在解讀考題時,往往需要辨識文本中隱含的寓意、象徵或弦外之音,才能掌握真正的訊息。例如,看似平鋪直敘的句子,可能透過修辭、語境或雙關語傳達深層含義,必須細讀文本,結合上下文推理,才能準確理解作者的真正意圖。

📍 閱讀重點

- **關注修辭**——譬喻、雙關、象徵等手法,經常用來傳遞表面語義之外的深層訊息。考生應關注此類修辭在語境中的作用與意圖,理解其如何加強情感表達、深化主題或延伸意義。
- **理解言外之意**——有些資訊不會直接點明,而是透過情境或隱晦的暗示讓讀者自行推敲。
- **分析語氣與意圖**——除了字面內容外,亦須判斷作者的語氣

與情感立場，辨識語言中的諷刺、勸誡、抒懷等語態，以及其背後可能隱含的思想傾向或價值評判。

問題類型

- **識別修辭性語言**——分析譬喻、轉化等修辭手法，理解它們如何影響文本的深層含義。
- **解讀象徵意義**——象徵語言透過具體事物傳達抽象概念，其意義往往取決於文本脈絡與文化背景。
- **辨識諷刺與雙關語**——某些句子表面上是正面陳述，但實際可能暗含批評、幽默或反諷，須細讀語境才能理解其真正用意。

信任的界線

#113 學年度　#李亢　#獨異志

　　有個詞語叫做「門牆」，原本是子貢用來譬喻自己老師孔子的學問，如同高高的宮牆一樣，外面的人很難找到門進入，後來「門牆」也有「老師的門下」的意思。

　　據此，所謂的「門生」，指的是學生和弟子。在古代科舉制度中，應屆考上的知識分子也會對主考官自稱「門生」，在當時屬於一種非常緊密的關係。

　　李亢的《獨異志》說了一則關於主考官與門生之間關係的故事，主角是唐代高級官員崔群。

　　向來有著好名聲的崔群擔任國家考試的主考官，等到他結束相關工作之後，妻子忽然提醒：「為了孩子好，趕快買點房地產。」

　　畢竟擔任國家考試的主考官，從出題、閱卷，以及評分排名，都有極大的權力參與，也會獲得極高的威望，崔群的妻子大概是想，若能趁著丈夫擁有一些政治影響力時，把握機會囤積財富，自己的孩子們未來便可以不必擔心生活的問題。

　　沒想到崔群笑著回答：「我早就買好了。」強調自己有三十間高級別墅和肥沃土地。這讓妻子嚇了一跳，她從沒聽過什麼時

候家裡多了這些產業，私房錢藏得這麼隱密也是難以想像。

接下來崔群的解釋更令人吃驚：他根本沒有別墅和土地，而是用它們譬喻自己獲得了三十位人才，他們都是在自己當主考官時選拔出來的知識分子。

把選拔人才當成一種投資，真是十分進步的想法，但妻子可不那麼想，再怎麼進步也比不上真金白銀，於是反駁：「最好是啦！你自己是陸贄擔任主考官時考上的，結果他的兒子陸簡禮要參加考試，輪到你當主考官，只因為你想要好名聲，擔心招來包藏私心或忘恩負義的負評，就派人約束陸簡禮不要報名。」

也是啦！爭議人物不參加考試，就不會引發爭議。崔群的妻子要丈夫好好想想，如果門生真的可以是良田，依照這個邏輯，那陸家的莊園肯定爛到不行。這段話的酸度極高，嘲諷了崔群自以為是，還有他那不切實際的妄想。

聽完，崔群受到了很大的打擊，好幾天都沒吃飯。這時他應該心中懊惱，自己不但不是個好門生，更有可能不是一個好主考官；而且如果不趕快去買別墅和土地，還將不是一個好丈夫和好父親。

人性是脆弱的，大眾時常優先考慮自己的利益，甚至不惜犧牲他人。若你過度相信人性，便等於行走在危險的邊緣，交付對方控制自己的權力，其中包括了情緒、行動，以及決定。

接著，你會逐漸失去部分獨立思考和適應問題的能力。信任他人沒有不好，不好的是你因此忘記發展內在的能量，提升自己足夠的智慧。

一個人可以應付生活的挑戰，但不是靠著依賴他人不確定的善意。

在這個世界裡，謹慎與懷疑都是一種保護自己的表現。

> 付出信任像是跳下懸崖，
> 然後期待有人會接住你。

時空謎題

以下兩題為題組。閱讀下文，回答題1和題2。

唐代稱主掌考試為知貢舉。因知貢舉者有取捨大權，舉子便在考試前向其投詩獻文，以博得青睞，一旦登第，感恩終生，於是產生特有的「座主」與「門生」關係。柳宗元〈與顧十郎書〉中說：「凡號門生而不知恩之所自出者，非人也。」崔群的例子也反映了當時這種社會意識。崔群在中唐時被譽為賢士，韓愈盛讚他「考之言行而無瑕尤」，但他對座主與門生關係，卻表露出相當世俗的看法。《獨異志》云：

崔群為相，清名甚重。元和中，自中書舍人知貢舉，既罷，夫人李氏嘗勸其樹莊田以為子孫之計。笑答曰：「余有三十所美莊良田遍天下，夫人復何憂？」夫人曰：「不聞君有此業。」群曰：「吾前歲放春榜三十人，豈非良田耶？」夫人曰：「若然者，君非陸相門生乎？然往年君掌文柄，使人約其子（簡禮），不令就春闈之試。如君以為良田，則陸氏一莊荒

矣。」群慚而退,累日不食。

　　以莊園譬喻門生,極易為唐代人所接受。及第的舉子若違世俗,就是柳宗元指斥的「非人也」。(改寫自傅璇琮《唐代科舉與文學》)

※ 陸相:陸贄。

題1 下列敘述,可藉由上文判斷確知的是:
(A)韓愈、陸贄皆曾於唐代知貢舉
(B)柳宗元於顧十郎知貢舉時登榜及第
(C)韓愈肯定崔群言行,但不認同其拘守座主門生關係
(D)柳宗元、崔群對座主門生關係的認知,不脫時人之見

題2 上文《獨異志》中的崔群之妻說「陸氏一莊荒矣」,最可能的原因是:
(A)譏嘲陸贄未曾知貢舉,缺乏門生
(B)暗諷崔群受陸贄提拔,卻不報恩
(C)感嘆陸贄子孫不上進,門庭漸衰
(D)提醒崔群以陸贄為戒,買田躬耕

答案:1.(D) 2.(B)

真相揭曉

題 1：識別修辭性語言

要能判斷 D 為正確選項，必須解讀柳宗元「凡號門生而不知恩之所自出者，非人也」這一句，顯示他認同當時的社會觀念；此外，也得知道崔群係以「三十所美莊良田」來譬喻門生，如此才能歸納出他們兩人的說法皆反映這種世俗觀點。

題 2：辨識諷刺與雙關語

如果總是看關鍵詞搜尋答案，那麼可能會被選項的表面語意誤導。如選項 D 中，若僅看到「買田躬耕」，有一定機率會誤解為夫人勸崔群務農，但其實是一個順著崔群譬喻的諷刺。

小心你以為的朋友

#107 學年度　#宋濂　#燕書

　　宋濂是明代著名的古文作家，除了繼承宋代理學的文學理論，同時也在政治上獲得極佳的優勢，他曾被明太祖朱元璋稱為「開國文臣之首」。雖說文學向來沒有第一名這種事，但如果你問當時誰寫得最好，那麼大多數政治人物或知識分子，會為宋濂戴上象徵無敵的桂冠。

　　「臺閣體」三個字偶爾可以在補充講義和參考書見到，這是明代初期流行的一種文學風格，大約占據了一百年的時間，內容多是「國家好棒棒！」和「長官好棒棒！」，完全展現世界上所有痛苦皆與我無關的態度，而這些臺閣體作家便是延續宋濂等人所倡導的主張。

　　或許有人直覺認為臺閣體是國家強盛的證據，將美好的政治反映在文學作品之上，但當時的知識分子並沒有想像中受到尊重與優待，反倒是生活在高壓的環境裡。

　　若將時間再往前推進一些，宋濂的《燕書》已經以寓言的形式，試圖委婉地表達統治者與知識分子之間應該保持的關係，並希望能脫離舊有的政治結構，創造新的局勢——此時明朝尚未建立，朱元璋仍在南征北討之中。

《燕書》的第二篇故事中提及：

戰國時，燕國與齊國往來頻繁、彼此友好。然而，任何的友好皆在暗示自己沒有敵意，或是隱藏自己的敵意——齊國是後者，正計畫趁燕國沒有注意與防備的時候，攻打對方的城池。

武安君（「午」安君聽起來很可愛）蘇秦聽到這件事，急忙趕去勸阻燕國的國君，認為齊國正有所動作，未來將觸發不可避免的戰爭。燕國國君卻不這麼認為，覺得應該擔心的是晉和楚那樣的大國，齊國無法，也不會做出對燕國不利的行動。事實上，防備敵人比防備朋友容易，齊國看起來是朋友，燕國國君自然沒有太多防備，使得蘇秦的勸告像是一次杞人憂天。

蘇秦解釋：「事情不是笨人想的那樣。」接著說了一則地方新聞，試圖點醒眼前的國君。

豚澤這個地方有人養了一隻蜀地品種的雞，身上有花紋，而脖子上有一圈赤紅色的羽毛（環頸雉是你？）。蜀雞旁邊圍繞一群可愛的小雞，正嘰嘰喳喳地叫著，忽然天空中有隻大鳥襲來，蜀雞反應很快，迅速地遮擋大鳥的攻擊，保護了那群可愛的小雞。

過了不久，又有一隻烏鴉飛來，和那些小鳥一起吃東西，蜀雞把烏鴉看成自己的兄弟，陪著牠走來走去，表現出非常平和的態度。

沒想到蜀雞把烏鴉當兄弟，烏鴉把蜀雞當空氣，忽然就叼起一隻小雞飛走。蜀雞只能仰望天空，露出傷心的表情，似乎因為被出賣而後悔——果然不能相信任何靠近自己的人。

如果敵人有可能是未來的朋友，那麼朋友也有可能是已知的敵人。

《燕書》中的蘇秦另外補充兩個例子：

一是湍急的河流比平靜的河流安全。

二是彎曲的小路比筆直的大路不危險。

沒有別的原因，單純是「福生於所畏，禍起於所忽」。

不過，蘇秦的說服沒有成功，國君依舊覺得是別人想太多。後來齊國果然攻打燕國，奪取了十座城池。

這則故事的最後，宋濂以「君子曰」表示了自己的意見，認為「蜂蠆且有毒，況上國乎？燕人為不知矣！」微小如蜜蜂、蠍子也能毒害他人，更何況那些巨大的國家呢！

> 自以為安全，
> 是你最大的危險。

時空謎題

題目 依據下文，最能與文旨呼應的是：

豚澤之人養蜀雞，有文而赤翁。有群雛周周鳴。忽晨風過其上，雞遽翼諸雛，晨風不得捕，去。已而有烏來，與雛同啄。雞視之兄弟也，與之下上，甚馴。烏忽銜其雛飛去。雞仰視悵然，似悔為其所賣也。（宋濂《燕書》）

※赤翁：紅色頸毛。雛：音「余」，小雞。周周：同「啁啁」。晨風：猛禽名。

（A）螳螂捕蟬，黃雀在後　（B）鳥盡弓藏，兔死狗烹
（C）福生於畏，禍起於忽　（D）失之東隅，收之桑榆

答案：(C)

🎯 真相揭曉

識別修辭性語言

文章中的故事不難，難的是選項判斷，選項 D 的「東隅」係指「東方日出之地」，有「早晨」的意思，而「桑榆」則指「日落所照處」，有「傍晚」的意思（也可譬喻人的晚年）。至於「失之東隅，收之桑榆」是用來譬喻「雖然先在某一方面有損失，但終在另一方面有成就」。

選項 C 為正解，其實是原文本來就有的結論，意思是：幸福源於對事物保持敬畏心，災禍則是輕忽大意而造成。

在悲劇裡發現希望

#110 學年度　#北宋　#路振　#九國志

　　北宋的路振編撰了一部史書《九國志》，內容包括了五代十國時期南方的九個國家，其中收錄了一則關於美麗與哀愁的故事。

　　韓憑，也有人稱為「韓朋」，他以門客身分待在宋康王身邊，彼此十分親近，但親近一位殘暴的統治者向來不是一件好事。

　　宋康王是末代國君，據說他力氣很大，可以輕易地拉伸鐵鉤，且野心勃勃，四處發起戰爭。大概是為了展示自己的強壯與勇敢，他會把血裝進袋子裡，高掛半空中，自己再以箭矢射穿它，看起來像是天在流血，所以命名為「射天」。

　　顯然宋康王是個自我感覺良好的統治者，此外他還沉迷於酒精與女人之中，只要有人規勸他，身上便會得到一箭。

　　在這樣險惡的環境底下，韓憑待在宋康王身邊，應該隨時都要提高自己的警戒心，以免哪天失去了生命。

　　然而，同時擁有權力與暴力的男人，誰能在他的身邊安穩生活？不出意外的話，意外就要出現了。

　　原來，韓憑的妻子何氏長得很美，引起宋康王的注意，便想直接占有這位美麗的人妻，如此一來，她的丈夫韓憑就是一顆阻

礙的石頭。

很快的，宋康王隨便找了理由。事實上應該也不需要理由，韓憑被抓去擔任建築青陵臺的工人——在電玩裡蓋房子很有趣，但在遙遠的過去是一種懲罰。

為了愛情，或其他更重要的東西，何氏寫下一首〈烏鵲歌〉，表達自己的絕望與悲傷。

不久後，何氏便以上吊的方式結束自己的生命。那首〈烏鵲歌〉是這樣的：「南山有鳥，北山張羅。烏自高飛，羅當奈何。烏鵲雙飛，不樂鳳凰。妾是庶民，不樂宋王。」內容大意是，南山有烏鵲（就是喜鵲），北山則有羅網，烏鵲當然要飛到最遠的地方，羅網自然無法沒辦法抓捕。如果兩隻烏鵲一起飛，那鳳凰也沒有什麼好羨慕的。我是一位平民女子，不喜歡宋王。

故事很簡短，到這裡就結束了。

但在《搜神記》還有著更多情節，且頗有不同。例如何氏之所以自殺，是因為韓憑已先離開人世，她便泡爛自己的衣服，並在與宋康王登上高樓時跳樓自盡，其他人本想伸手拉住何氏，卻因為衣服爛掉而無法成功抓緊。

後來，宋康王故意不讓韓憑夫婦合葬一起，但沒想到他們的墳墓上各長出一棵樹，以超越常理的速度生長、接近，樹根與樹枝彼此纏繞，樹梢還飛來兩隻鴛鴦，互相依偎發出哀戚的叫聲。

現實世界有太多掙扎與挑戰，幻想則提供了逃離的途徑。為了展現我們對於更偉大事物的渴望，思想的自由、情感的解放，以及那些被外部事物限制與約束的一切，我們創造了魔法、奇

蹟，還有明亮的故事。

　　也許我們的大腦本來就擁有應對痛苦的能力，因為它懂得如何透過虛構的故事，安撫受傷的自己。當然，那些想像無法真正改變現實，許多討厭的事情仍在繼續發生，但我們可以蜷縮在自己的幻想中，靜靜地等待事情改變。

　　這個狀態，偶爾會叫作——希望。

> **創造美麗的幻想故事，
> 是為了留在痛苦的現實中。**

時空謎題

題目 關於下文〈烏鵲歌〉的解釋，最適當的是：

　　韓憑，戰國時為宋康王舍人。妻何氏美，王欲之，捕舍人，築青陵臺。何氏作〈烏鵲歌〉以見志，遂自縊死：「南山有烏，北山張羅。烏自高飛，羅當奈何。烏鵲雙飛，不樂鳳凰。妾是庶民，不樂宋王。」（《九國志》）

（A）以「烏」暗指宋康王的邪惡
（B）以「羅」譬喻利誘韓憑的圈套
（C）以「高飛」凸顯何氏的自主意志
（D）以「鳳凰」形容韓憑夫婦情意堅貞

答案：(C)

真相揭曉

識別修辭性語言

從「何氏作〈烏鵲歌〉以見志」可以得知何氏的遭遇和詩歌的內容。通常判斷錯誤是因為不懂詩歌這種委婉的表現形式，係以「鳥」譬喻「人」，而「鳥」與「羅」（網子）的關係，正等同於韓憑夫婦面對宋康王的強力控制。因此，後面只要提到「鳥」，指的都是韓憑夫婦，那麼鳳凰用來形容他們之間情意堅貞的可能性便降低，再加上「不樂」二字，更可以確認以上的推論。

當然，如果你根據題目的指引，想直接從〈烏鵲歌〉判斷答案，那麼最後兩句「妾是庶民，不樂宋王」，也可以幫助你知道該詩歌的主旨，然後再進一步確認各個選項是否正確。

無論如何，〈烏鵲歌〉不能脫離故事情節而解讀。假使沒有前面的敘述，僅從歌謠內容來看，所有的指涉都會變得模糊，解釋也會變得牽強。

金錢讓你認識自己

#109 學年度　　#蒲松齡　　#黃英

　　故事是這樣開始的。

　　有位喜歡菊花的男人馬子才,他的祖先沒有留下什麼土地、房屋,或是金錢,卻留下異常喜歡菊花的基因——大概房間會放滿菊花,棉被、枕頭繡著菊花,馬桶蓋上也要有菊花吧。

　　後來,馬子才遇到一位熟悉栽植菊花技術的陶姓少年,以及少年的姊姊黃英。馬子才與陶姓少年相談甚歡,加上黃英長得漂亮,他便邀請姊弟二人到家中宅院居住。

　　算是某種付房租的方式,陶姓少年為馬子才照顧庭院中的菊花,即使已經枯死,也能續命存活。但奇怪的是,陶姓少年沒什麼錢,每天找馬子才一起吃飯喝酒,他家中卻沒有燒火煮飯的跡象。

　　但也不重要,馬子才和他的妻子都喜歡黃英姊弟二人。

　　某一天,陶姓少年向馬子才提出建議:

　　「君家固不豐,僕日以口腹累知交,胡可為常?為今計,賣菊亦足謀生。」

　　認為自己和姊姊白吃白喝也不是辦法,更何況馬子才家境稱不上富裕,長期下去會成為極大的負擔。因此,陶姓少年表示,

可以考慮販賣菊花來減輕生活的壓力。

聽起來是個不錯的建議，畢竟陶姓少年擅長種菊、養菊，用專業與興趣換取金錢，再正常不過了。但馬子才似乎有點不正常，往優點來看，可說他個性耿直，耿直到認為菊花是極為風雅的植物，有著文化與精神意義，因此不能沾染半點金錢的臭味。

馬子才生氣了：「則以東籬為市井，有辱黃花矣。」他認為陶姓少年與自己一樣，是個不介意貧窮生活的愛菊人士，今天竟然計畫把種植菊花的地方變成販賣的市集，這對菊花是一種汙辱，同時也是對自己信任的破壞。

陶姓少年笑了，倚靠自己的力量養活自己不是貪心，販賣菊花也不是庸俗，強調「人固不可苟求富，然亦不必務求貧也」。做人不能以錯誤的手段尋求金錢，但沒必要追求貧窮吧！

生活應該在道德與現實之間找到平衡，金錢並非罪惡，貧窮亦非美德，又不是中文系的畢業生找不到工作，才會說自己安貧樂道（誤）。

馬子才聽完後沒有回話，或許默認對方說得有道理，陶姓少年則站起身離開了。

這則故事的後面還有一大段內容，包括馬子才對陶姓少年種菊致富的微妙情緒，以及他在妻子過世後與黃英結婚，發覺自己與對方的財富並不對等，進而出現內在衝突——花別人的錢很丟臉。

或許，這代表馬子才被推往「落後」的一方，甚至難以再堅持站在道德的高處，因為環境的富裕影響了原本的生活模式，當

然也改變根深蒂固的價值觀。

我們偶爾會感到恐懼，當自己不是自己以為的那個樣子，尤其是隱藏的部分被看得一清二楚時。

> 金錢並不罪惡，
> 而是看你想要購買什麼。

時空謎題

題目 關於下文陶、馬二人的對話，敘述最適當的是：

陶一日謂馬曰：「君家固不豐，僕日以口腹累知交，胡可為常？為今計，賣菊亦足謀生。」馬素介，聞陶言，甚鄙之，曰：「僕以君風流高士，當能安貧。今作是論，則以東籬為市井，有辱黃花矣。」陶笑曰：「自食其力不為貪，販花為業不為俗。人固不可苟求富，然亦不必務求貧也。」（《聊齋誌異‧黃英》）

（A）陶以馬未能安貧為恥　　（B）馬希望陶能自食其力
（C）陶與馬商議賣菊維生　　（D）馬怕家貧而有辱於陶

答案：（C）

🎯 真相揭曉

解讀象徵意義

題目引用的文章僅由對話構成,解題關鍵在於從對話內容推敲人物的情緒與立場。如果感到遲疑或困惑,可能是因為忽略了「東籬」與「黃花」都指涉「菊花」,導致無法理解語境中的隱含含義。此外,最後兩句「人固不可苟求富,然亦不必務求貧也」的翻譯亦至關重要,這句話表達的是不應刻意追求富貴,但也不必刻意選擇貧窮。

我還是我,無論過了多久

#108 學年度　#宣鼎　#秋燈夜雨錄　#雅賺

　　生於晚清的宣鼎是一位很有趣的小說家,他四十歲寫下的《秋雨夜燈錄》記錄了很多奇聞怪事,寫作筆法頗類似蒲松齡的《聊齋志異》,但其實已經沒有太多關於鬼妖狐仙的傳說,倒是多了些煙花粉黛的世俗故事,在當時頗為暢銷。果然無論什麼年代,神祕綺麗的故事總能受到歡迎。

　　在《秋雨夜燈錄》中收錄一則〈雅賺〉,裡面的主角是鄭板橋,板橋是他的號,本名叫做鄭燮,國中的國文課本曾經收錄他的〈寄弟墨書〉,大致上是提醒對方,不要覺得當一個讀書人有多了不起,跟農夫和其他的職業相比,讀書人平常沒有太大的產值,甚至還有可能做出更糟糕的事。

　　由此或許可以推知,鄭板橋的個性有點叛逆,不願意遵循社會的「常識」生活。〈雅賺〉裡的鄭板橋也是如此,由於他擅長書法,學習了鍾繇和王羲之的技巧,還加入了米芾和蔡襄的優點,兼具了小篆和隸書的形式。

　　不僅書法出色,他的繪畫繼承鄭思肖的技巧(小時候讀過的〈失根的蘭花〉就是指他的畫,曾誤以為沒有根,但其實是沒有土地),再參考徐渭的風格,最是一絕。

鄭板橋揮灑出雄渾豪放的氣勢，最終成為一代大師。

在鄭板橋還沒成名前，作為一個沒人認識的讀書人兼藝術工作者，曾三次來到邗江，靠著販售自己的書畫作品維生，顯然因為缺乏名氣，沒多少人願意花錢購買，成為文化創意產業的可憐失敗者。之後鄭板橋獲得了考試上的勝利，終於站在科舉金字塔的頂端，受到眾人的尊重與崇拜。

再到邗江時，鄭板橋所受的待遇有了一百八十度的大轉變：一堆人搶著要他的作品。門口擠滿了人，用盡各種方法，就是想帶回一張鄭板橋的書畫。

按道理，成為明星級的藝術工作者應該會很開心，鄭板橋似乎想起了過去在此地的生活經驗，認為大家不是理解自己的才華，而是單純因為名氣而瘋狂——將物的價格看得比人的價值還重要。

於是，鄭板橋故意抬高作品的售價，沒有花費大量金錢是買不到的。似乎暗示：你們只懂錢，那拿錢來換吧！

後來，鄭板橋請沈凡民幫忙刻了一顆小印章，上面刻著「二十年前舊板橋」一句，藉此表達自己的憤慨。

鄭板橋到底憤慨什麼？或許當他以印章強調二十年前那個舊的自己時，一方面是不想忘記單純追求藝術的過往，另一方面則嘲諷自己不得不面對利益與欲望的現實。

我還是那個二十年前的舊板橋，但我不知道還有沒有人喜歡那個舊板橋；又或者，那個舊板橋已經不存在了。

的確，我們期待自己莫忘初衷，誰又真的在乎你的初衷？甚

至,你自己可能也不是那麼在乎。走著走著,那顆原本的心已被現實的塵埃掩埋,隱於名利紛爭之中——我們許願永遠真誠,始終難以實現。

> **記住當初為什麼開始,
> 即使沒有人在乎。**

時空謎題

題目 依據下文,鄭板橋所「志」的「憤」最可能是:

　　(鄭板橋)為秀才時,三至邗江,售書賣畫,無識者,落拓可憐。復舉於鄉,旋登甲榜,聲名大震。再至邗江,則爭索先生墨妙者,戶外履常滿。先生固寒士,至是益盛自寶重,非重價,不與索。沈凡民先生代鐫小印,文曰「二十年前舊板橋」,志憤也。(宣鼎〈雅賺〉)

(A) 世人盲從,唯重聲名　　(B) 小人當道,懷才不遇
(C) 宦海浮沉,身不由己　　(D) 聲聞過實,浪得虛名

答案:(A)

真相揭曉

辨識諷刺與雙關語

　　若你想從題目〈雅賺〉判斷文章主旨，便會走向一條死路，因為考題僅節錄故事開頭的一小部分，後面與題目相關的情節全部沒有出現（關於鄭板橋遇到藝文詐騙的故事），所以還是得從字句進行解讀。在這種情況下，標題無法成為解題依據，唯有從文本的字句挖掘隱藏訊息，分析「二十年前舊板橋」在文本中的作用，結合相關情節，進而推論「志憤」的理由。

吃出人生的道理

#112 學年度　　#袁枚　　#隨園食單

　　清代的袁枚應該沒辦法參加廚藝競賽,不過他至少有機會擔任講評的角色,畢竟他或許沒有能力做出美食,但說起吃的,倒是天下無敵。

　　《隨園食單》是袁枚最知名的烹飪指南,內容從理論到具體的菜單,涵蓋了食材選擇、烹飪技法,以及飲食文化的深刻探討。雖然我每次看到裡面寫「一小杯」、「一撮」還有「一碗」,都會因為那個分量到底是多少而感到滿臉問號。

　　可是,《隨園食單》盡可能蒐集各種類型食材的烹調方式,並提出一些自己獨到的見解。書中開頭第一篇便是「須知單」,袁枚認為飲食和學問一樣,先知而後行;而在此篇最後,提到了滿洲人的菜餚多用燒煮的方法,而漢人的菜餚多以羹湯為主,不同民族各有其專擅的烹飪文化,且從小已經習慣如此。

　　因此,當漢人請滿人吃飯,或滿人請漢人吃飯時,雙方都會各自準備自己最熟悉且厲害的菜色,吃起來不但不會不習慣,反而覺得很特別。

　　的確如此,與你處於不同文化的社群,其實並不會期待你完全適應本來就存在的差異,甚至你通常無法成為對方的模樣。

你依舊可以保持尊重，學習對方的語言與生活模式，但真的不需要跟對方一模一樣——差異有價值，交流可以讓彼此產生新的可能性。

　　袁枚用了「邯鄲故步」一語，意思是刻意模仿反而失去了自我。他不贊成的正是這種態度，認為煮出符合自己文化的菜系，才可以創造出更加豐富的美食體驗。

　　反觀現在的人做菜就不是如此。漢人請滿人吃滿菜，滿人請漢人吃漢菜，而且只是形式上模仿，卻失去了實質；就好比當你的外國朋友第一次來臺灣時，應該先帶他去夜市吃臭豆腐、豬血糕，還有珍珠奶茶，而不是對方國家的食物。應該要感受臺灣的飲食文化，順便也感受臺灣的交通文化。

　　袁枚的譬喻是「畫虎不成反類犬」，本來想畫出帥氣凶猛的老虎，結果比較像可愛的小狗狗（為何不是貓？）。想學別人卻沒有辦法學到位，最後便處在尷尬的狀態中。

　　為了強調自己的見解，袁枚再舉一個現實生活的例子：假如你是一位準備考試的學生，只要按照個人的學習進度與寫作方式，並持續超越原本的自己，追求更為精湛出色的表現，自然可以在機會來臨時，得到你預期的收穫——越努力，越幸運。

　　但是，若你想模仿哪位大師的寫作風格或揣摩主考官的閱讀品味，那麼很抱歉，掀開你的表皮，裡面填裝的都不是真實的自己。袁枚說：「你一輩子考不上啦！」

　　真正的成功不僅是達到外部的標準，更該知道你所創造的東西到底是什麼，無論是一篇文章、一場比賽、一次專案報告，甚

至是你自己的期待——你怎麼定義你自己？

當你只是模仿別人時，就等於繞過了艱難但必要的成長過程。你和別人不一樣的地方正是最珍貴的價值所在，差異能帶來更多的創新與挑戰，進而拓寬眼前的世界。

當然，接納與自己不同的新事物，或是參與另一個彼此差異很大的群體，可能也會造成一定程度的混亂、衝突，以及情感上的傷害。然而，世界就像一盒拼圖，每一塊碎片都有其獨特的形狀和位置，完全相同的兩塊其實沒有幫助。

> 尊重與擁抱彼此的差異，
> 別把它當成彼此的差距。

時空謎題

題目 關於下文「做菜」與「作文」之間的譬喻，說明最適當的是：

滿洲菜多燒煮，漢人菜多羹湯，童而習之，故擅長也。漢請滿人，滿請漢人，各用所長之菜，轉覺入口新鮮，不失邯鄲故步。今人忘其本分，而要格外討好。漢請滿人用滿菜，滿請漢人用漢菜，反致依樣葫蘆，有名無實，畫虎不成反類犬矣。秀才下場，專作自己文字，務極其工，自有遇合。若逢一宗師而摹仿之，逢一主考而摹仿之，則掇皮無真，終身不中矣。（袁枚《隨園食單》）

※ 下場：進入考場。

（A）學做料理須知各地菜餚特色，習文當須辨宗門流派
（B）做菜須向前輩方家學習以精進，為文當須追摹宗師
（C）漢人未自幼學習而做不好滿菜，學寫文章亦宜趁早
（D）料理講究發揮個別的特長，作文亦以呈顯本色為尚

答案：(D)

🎯 真相揭曉

識別修辭性語言

用熟悉的事物來解釋陌生或較抽象的概念，目的是讓讀者更容易理解。在本文中，作者用「做菜」譬喻「作文」，對應的是各有特色、避免盲目模仿的道理。因此，解題關鍵在於能否找出「做菜」與「作文」之間的對應關係。

三百年來最後一位女詞人

#111學年度　#呂碧城　#女界近況雜談

對於傳統文學，呂碧城（一八八三～一九四三年）有著極大的熱愛，她堅持以文言文的寫作方式表達自己的想法，在詞的創作上，被視為近三百年來最後一位女詞人。

年輕時的呂碧城大力提倡「女學」，以此開啟「女智」與「女權」，在她的〈論提倡女權之宗旨〉中，認為女學的興盛等於國家的興盛，而且也不會損害到男人的利益，如此一來，似乎沒有任何拒絕女學的必要。她期待以此說法取得眾人的共識。

另一篇文章〈女界近況雜談〉中，呂碧城則以鐘錶作為譬喻，指出中國內部的機制已經腐敗老舊，外面的指針卻不停亂動，意思是那些覺醒青年老愛提出一些不切實際的建議，反而製造混亂。此時的呂碧城大約是四十多歲的年紀，似乎看清楚了什麼，又似乎沒看清楚什麼。

在這篇文章，她又提到了女性詞人所遭遇的刻板印象，或者說是偏見：「茲就詞章論，世多訾女子之作，大抵裁紅刻翠，寫怨言情，千篇一律，不脫閨人口吻者。」那些批評者認為女性詞人的創作就只是用力刻劃華麗的詞藻，抒發內心的哀愁與情感，幾乎沒有任何創意，就算翻了一千篇，看起來也都差不多。

呂碧城不同意這樣的說法，她認為書寫情感本來就應該按照自己的性格，重點在於能否有新的概念與創作形式，不要局限在傳統的窠臼之中，尤其需要注意格律與情感的部分，各自保持該有的雋雅與真切，就是一篇好的作品。

　　以類似的風格為前提，呂碧城列舉了詩人溫庭筠和李商隱、詞人周邦彥和柳永，認為他們常被貼上華麗柔美的標籤，但同時也都是男性創作者。

　　這裡的意思是，風格不能當成作品好或不好的判斷標準，呂碧城似乎暗示了那些批評者是以性別作為依歸，而不是真正給予閱讀後的真實評價。

　　換句話說，如果男性創作者可以模擬女性的特質進行書寫，並獲得正面的評價，那麼女性以自己的視角出發，創作符合自己性格與氣質的作品又怎麼了嗎？這不是一件更正常的事情嗎？

　　此外，在同一篇文章中，呂碧城認為女性天生有獨特的性別氣質，不需要刻意模仿男性的陽剛或硬朗；如果女性刻意掩蓋自己的本來性格，反倒是在自我貶低。

　　當然，呂碧城的說法也有調整的空間，若說性別氣質不應該固定在某個框架之中，那麼所謂真情流露的文字，也就無法被性別所局限。

　　創作是一種改變，涵蓋了藝術、智識、科學、技術，以及生命中的一切。過去的時間裡，女性的經驗和觀點經常透過男性視角來敘述，將複雜的經驗簡化成刻板印象。

　　現代的社會中，允許更加靈活和多元的性別表達，越來越能

反映更加廣泛的人類經驗，提供更豐富、更細緻的內容——性別與創作之間是一種動態且不斷發展的關係。

> **不管別人怎麼說，你都是自己生活中的主角。**

時空謎題

以下四題為題組。閱讀下文，回答題 1 至題 4。

甲、人為萬物之靈，志有萬端之異。學琴學詩均從所好，工書工畫各有專長，是故咳唾珠玉，謫仙闡詩學之源；節奏鏗鏘，蔡女撰胡笳之拍，此皆不墮聰明，而有志竟成者也。若夫銀鉤鐵畫，固屬難窺；儷白妃青，亦非易事。余因停機教子之餘，調藥助夫之暇，竊慕管夫人之墨竹，紙上生風；敢藉陶彭澤之黃花，圖中寫影。庶幾秋姿不老，四座流芬，得比勁節長垂，千人共仰，竟率意而鴉塗，莫自知其鳩拙云爾！（張李德和〈畫菊自序〉）

乙、茲就詞章論，世多訾女子之作，大抵裁紅刻翠，寫怨言情，千篇一律，不脫閨人口吻者。予以為抒寫性情，本應各如其分，惟須推陳出新，不襲窠臼，尤貴格律雋雅，情性真切，即為佳作。詩中之溫、李，詞中之周、柳，皆以柔豔擅長，男子且然，況於女子寫其本色，亦復何妨？（呂碧城〈女

界近況雜談〉)

題1 依據甲文,關於作者自述「莫自知其鳩拙云爾」的心態,最**不可能**的是:
(A)無法預先了解後人對自己畫作的評價,也就不在意任何評論
(B)既然有志於丹青之道,總要努力以赴,愚拙與否便毋須介懷
(C)只能利用相夫教子以外的時間從事創作,故自婉言技巧尚拙
(D)以率意塗抹謙稱自己的畫作,凸顯想要創作的欲望非常強烈

題2 依據乙文,敘述最適當的是:
(A)為推陳出新,不襲窠臼,男女皆應拋棄格律的束縛
(B)詞章以閨人口吻成其本色,故男女表現宜各如其分
(C)女子習寫詞章,可模仿以柔豔詩詞著稱的男性作家
(D)女子創作可不忌裁紅刻翠,但直寫自己的真誠感受

題3 關於甲、乙二文所蘊含的創作觀念,下列推論最**不適當**的是:
(A)甲文的「之餘、之暇」透露出張李德和的創作並未違背

傳統性別角色規範
（B）乙文認為「閨人」與「柔豔」皆為女性創作本色，女性其實不必引以為非
（C）甲文「志有萬端之異」與乙文「情性真切」，都從性別角度論證創作合宜性
（D）乙文所舉前輩作家，較甲文所舉前輩作家更具破除當時性別刻板印象的意味

題4 下列詩詞與乙文所提及的柔豔風格，最相近的是：
（A）世機消已盡，巾屨亦飄然。一室故山月，滿瓶秋澗泉
（B）朔雁傳書絕，湘篁染淚多。無由見顏色，還自託微波
（C）灞橋雪。茫茫萬徑人蹤滅。人蹤滅。此時方見，乾坤空闊
（D）游宦成羈旅。短檐吟倚閑凝竚。萬水千山迷遠近，想鄉關何處

答案：1. (A) 2. (D) 3. (C) 4. (B)

🎯 真相揭曉

題1：識別修辭性語言

　　甲文是核心選文十五篇之一，如果上課有聽，應該可以迅速判斷答案（應該啦……）。題目要求判斷「最不可能」的心態。這題關鍵在於理解「莫自知其鳩拙云爾」，從表面上看，作者以

「鳩」譬喻自己的畫技笨拙，並以「莫自知」表示自己對技藝無法準確評價，這是一種自謙的表達方式，並非真的毫不在意作品的價值。因此，若只停留在「鳩拙」表面的意思，可能誤以為作者對作品全然無求，進而選錯答案。

題 2：識別修辭性語言

文章提及的「裁紅刻翠」譬喻精心雕琢、細緻裝飾，常用於形容文學創作、藝術工藝或裝扮美化；而「不襲窠臼」則譬喻不沿襲陳舊的模式規格，只有獨創的風格。應注意譬喻對象與語境，避免誤解其適用範圍。

題 3：提取明確事實

這題的核心在於比較甲、乙兩文的創作觀，特別是對性別與文學創作的看法。

題 4：跨文本背景對應

指的是詩詞中細膩、感傷、柔美的情感表達，通常與閨怨、離愁、相思、婉約等題材相關。解題時，可從這些核心元素來判斷，觀察詩句是否流露溫婉柔和的詞藻、感傷離別的情懷，若內容偏向豪放、壯闊、議論風格，則可直接排除。

會說話的鸚鵡

#108 學年度　　#羅大經　　#鶴林玉露　　#能言鸚鵡

　　南宋的羅大經原本也是一個期待自己能拯救世界的知識分子，後來遇到太多惡意，便決定關起門來專心讀書，並且創作《鶴林玉露》一書，其中有〈能言鸚鵡〉一篇。

　　羅大經先引用謝良佐的話：「今之士大夫何足道，真能言之鸚鵡也。」由於謝良佐是上蔡人的緣故，其他知識分子都稱他為「上蔡先生」，聽起來有點像是什麼餐廳裡上菜的服務生（誤）。謝良佐認為，澈底穿越名與利的誘惑，才能算是開始觸碰道德學問。簡單來說，不要把心思耗費在財富、權力，以及名聲，要專心地累積個人的修養，並且研讀各種知識。然而，現在的知識分子根本無法達到以上標準，完全不值得一提──只是會說話的鸚鵡。

　　接著，羅大經又引用朱熹的看法，認為「現在的知識分子，只會重複上課學到的道德詞彙，完全沒有實踐那些道德詞彙的行動，甚至還走往相反的方向。」教他說廉，還真的只是說廉；教他說義，還真的只是說義。由於沒有透徹地理解內涵，結果不僅沒有做到廉與義，還捨棄了廉與義。

　　羅大經再次強調，這就叫做「能言鸚鵡」。「能言鸚鵡」一

語出自《禮記・曲禮》，其中提到「鸚鵡能言，不離飛鳥」，意思是本質很難被改變。羅大經在這裡單純取其四字，略作挪動而已——以「能言鸚鵡」來譬喻那些空談而不行動的知識分子，只是一隻會說話的鸚鵡。

羅大經繼續解釋，認為今天知識分子讀書重視新潮的、流行的名詞，表面上可以高談闊論，彷彿掌握了時代的脈動，吸引群眾的目光；實際上，並未真正理解這些名詞背後的意涵，更遑論實踐其中的道理。

政治人物也一樣，高呼空洞的口號，創造動聽的名詞，沿用他人的說法，把心思耗費在操控語詞之上，似乎站在道德與知識的制高點，卻未考慮如何解決真正的問題。

這就是社會逐漸崩解的原因。

更糟糕的是，有些人還指稱「鸚鵡」是「鳳凰」，擔心不能將其收藏在身邊，這未免也太奇怪了。

的確，複製是學習的一種方式，但不能只停留在這裡。你必須重塑那些學到的東西，再提出新的想法，最後執行自己的創意。盲目的學習與機械性的記憶，如同咀嚼一部字典，最後只是吐出連自己也不認識的字。

> 若無思想與行動，便只是嬰兒學語。

> **時空謎題**

以下兩題為題組。閱讀下文,回答題1和題2。

上蔡先生云:「透得名利關,方是小歇處。今之士大夫何足道,真能言之鸚鵡也。」朱文公曰:「今時秀才,教他說廉,直是會說廉;教他說義,直是會說義。及到做來,只是不廉不義。」此即能言鸚鵡也。夫下以言語為學,上以言語為治,世道之所以日降也。而或者見能言之鸚鵡,乃指為鳳凰、鷟鸑,唯恐其不在靈囿間,不亦異乎!(羅大經〈能言鸚鵡〉)

題1 依據上文,今日世風之弊在於:
(A)豢養珍禽,玩物喪志
(B)模仿剽竊,寡廉鮮恥
(C)蔽於表象,不辨虛實不務踐履
(D)器識褊狹,唯學鸚鵡不慕鳳凰

題2 下列文句,最能呼應上文觀點的是:
(A)君子欲訥於言而敏於行
(B)寡言者可以杜忌,寡行者可以藏拙
(C)言行,君子之樞機,樞機之發,榮辱之主也
(D)聽言觀行,不以功用為之的彀,言雖至察,行雖至堅,則妄發之說也

答案:1.(C) 2.(A)

🎯 真相揭曉

題 1：識別修辭性語言

　　此處以「鸚鵡」來譬喻只會說廉談義，卻無實際操守的士大夫。比較困難的是，有幾個選項需要稍作解釋。首先選項 B 的「寡廉鮮恥」係指「沒有操守，不知廉恥」；再白話一點的說法就是「不要臉」。選項 C 的「踐履」有「實行預定的事」的意思，而「不務踐履」即指「不追求實行預定的事」。至於選項 D 的「器識」通常用來說明人的「氣度才識」。

題 2：主旨與證據匹配

　　從四個與「言行」有關的選項中找到文章的主旨。選項 A 指君子應該在言語上謹慎，但在行動上卻要敏捷、有行動力；選項 B 則認為少說話可以阻絕別人的妒恨，少行動則可以掩飾自身的缺點；選項 C 強調言語和行動是君子的關鍵樞紐，而這些樞紐的啟動，關係到榮耀與恥辱的結果；選項 D 中「的彀」分別係指「箭靶的中心」和「箭所能及的範圍」，引申成「目標」的意思，因此整句大意為「言語和行動不以功用為目標，那麼再好也沒有價值」。

不敢說的字

#108 學年度　#陸游　#老學庵筆記二則

　　南宋的陸游記錄了一起荒唐事件：在宋室南渡之前，有位地方首長名叫田登。由於名字有「登」這個字，因此他很討厭有人提到與此讀音相同的字，可能認為這是一種不禮貌的表示吧。如此想法大概可以回溯到周王朝時代──在說話與寫作的過程中，迴避國家統治者、親族長輩，以及聖賢的名字。

　　迴避的方式有以下四種：

一、換字：改一個同義字代替。
二、缺字：空下這個字不寫。
三、缺筆：故意少寫一個筆畫。
四、拆字：取字的部件作為代替。

　　至於田登，不過是一位地方政治人物，也想用這種方式得到尊重或畏懼，便設下一項規定，禁止屬下使用與「登」相同讀音的字。因為不熟悉這種奇怪規定，不少基層公務員都遭受了鞭打捶擊的懲罰。為了避免受到懲罰，當地政府遵行一項奇怪的規定：舉州皆謂燈為火。

事實上，跟「登」讀音相同，且生活常使用的字也不過就「燈」而已，想要避開似乎也不是太困難，只是需要一點時間習慣；而這些基層公務員也從中找到規避的原則，只要任何公文、書信、布告，以及公部門內的簽呈遇到需要使用「燈」這個字的時候，就換用以「火」作為替代。這種策略十分有效且安全，不僅避免冒犯長官，還能相對準確地表達原本的意思，最後還形成了特定的工作規範。

　　在這種官場文化中，基層公務員往往發展出一些「生存之道」，即學會如何在合法的制度下遵守不合理的長官命令，同時確保工作的正常運作。

　　到了上元節，也就是我們熟知的元宵節。

　　古代正月十五日為上元，七月十五日為中元，十月十五日為下元（是的，真有下元）；而上元祭祀天官、中元祭祀地官……你以為下元祭祀人官嗎？不是，是祭祀水官——天官賜福，地官赦罪，水官解厄。

　　在宋代，上元節是熱鬧的節日，會有連續多天的燈節活動，雖然以前沒有國小老師和監獄受刑人做花燈，還是可以看見各種美麗且巨大的發光體。

　　那些田登底下辦事的基層公務員，也在準備發布官方消息，告知民眾歡迎來參加本地的燈節活動。

　　可能已經習慣了平常的辦公模式，基層公務員在鬧區市集的公告上寫著：

　　「本州依例放火三日。」是的，原本該寫放燈三天，為了避

開「登」這個字而寫成放火。如果依照公告文字，似乎可以在城市裡進行真人刪減版《俠盜獵車手》，開始往各個角落點燃火苗，「合法」製造混亂。

或許有些人會嘲弄基層公務員很笨，怎麼不會用另外一種說法代替，又或者批評他們不知道變通而拘泥形式。

可是我向來認為，東方世界裡的基層公務員是最聰明的一個群體，他們知道如何在遵守規定的同時，發展出一套屬於自己的「遊戲規則」，利用體制中的漏洞或灰色地帶來進行操作。別忘了，之前他們常被鞭打，現在可能只是抓準機會回捅自己長官一刀罷了。

隨著時間的推移，基層公務員對於機構的正式和非正式規則有深入的了解，他們知道哪些法規是嚴格執行的，哪些是可以輕輕繞過的；他們知道如何在不造成干擾的情況下，應對惡劣的職場文化。不僅了解權力動態、知道該向誰尋求幫助，並且能夠區分真正的順從和表演性的順從。

> **理解規則，然後適應規則；適應規則，然後改變規則。**

陸游蒐集了古今的人物故事、解讀歷史資料，並做出相對應的評價，撰寫成一部《老學庵筆記》，所謂的「老學庵」是他的書房名稱，出自於「老而學如秉燭夜行」一句，意思是再老也要想辦法繼續學習。

這次，陸游提到一個詞語「漢子」，可用來指稱低賤的男人。換句話說，如果你想罵什麼前男友或惡劣男主管，可以用「漢子」，前提是你穿越到南宋。

　　這個用法來自於五胡亂華時期，五個游牧民族的武裝勢力擊敗衰弱的西晉政權，破壞原本穩定的秩序，迫使西晉王室南渡。

　　所謂的「亂華」是以漢民族的視角來解讀，也沒人規定中原地區不能由其他民族統治，按照現今學者的定義，或許可以改稱為「諸胡列國」。在諸胡列國中，北齊文宣帝高洋是鮮卑化的漢人，而且是很深的那種，也就是他會以鮮卑族的文化進行思考與行動，像是割下仇人的頭顱再塗漆當成酒杯。

　　既然如此，高洋就不會認為漢人是與自己相同的民族，甚至「漢人」一詞還有貶抑的意思；同樣的，「漢子」也是如此。例如魏愷拒絕接受升官的命令，高洋便氣憤地以「漢子」作為羞辱人的詞語，認為給你官位還不要，哪來的賤東西——陸游以此作為根據，說明漢子為何帶有貶義。

　　時間快轉到北宋，漢子依舊不是什麼好聽的話。陸游說了一則軼聞，當時有位貴族名為趙宗漢，乃是宋英宗的弟弟，他很討厭別人說出他名字中的「漢」字，所以宣布只要提到「漢子」，就必須改成「兵士」。在他居住的宮殿中，每一個人都得遵守這條規定。

　　雖然看起來似乎只有漢子才須改成兵士，但僕人向來知道嚴格遵守長官的命令，才能讓自己處在相對安全的位置；又或者，僕人覺得這種規定很愚蠢，故意嚴格遵守長官的命令，甚至拿來開玩笑。

某次,趙宗漢的妻子請來僧侶供奉十八大阿羅漢,僕人便說這是十八大阿羅「兵士」;而他的兒子請來老師教自己圈點《漢書》,僕人就說這在點《兵士書》。

我很難知道「大阿羅兵士」和「兵士書」的笑點在哪裡,但作為沒有權力、地位以及說話機會的基層工作者,嘲諷比自己階級還高的人也是一種快樂。

這些內部的笑話或共同的抱怨使得人們更加親近、團結,並得到繼續工作的勇氣。當然,嘲笑長官可能造成職場文化更為惡劣,無助於讓長官進行有意義的改變,可是薪水比我多的人一向不需要我關心。

> 一個國王越不能被嘲笑,他就越危險。

時空謎題

題目 關於下列陸游《老學庵筆記》二則引文,敘述適當的是:(多選)

甲、田登作郡,自諱其名,觸者必怒,吏卒多被榜笞。於是舉州皆謂燈為火。上元放燈,許人入州治遊觀,吏人遂書榜揭於市曰:「本州依例放火三日。」

乙、今人謂賤丈夫曰漢子,蓋始於五胡亂華時。北齊魏

愷自散騎常侍遷青州長史,固辭之。宣帝大怒,曰:「何物漢子,與官不受!」此其證也。承平日,有宗室名宗漢,自惡人犯其名,謂漢子曰兵士,舉宮皆然。其妻供羅漢,其子授漢書,宮中人曰:「今日夫人召僧供十八大阿羅兵士,大保請官教點兵士書。」都下閧然傳以為笑。

（A）「吏卒多被榜笞」,是違反田登禁忌的下場
（B）書榜「本州依例放火三日」,表示吏人已經避開田登名諱
（C）宗漢不喜他人觸犯名諱,乃因「漢子」一詞在當時含有貶義
（D）「舉州皆謂燈為火」、「舉宮皆然」,顯示州民、宮人欣然認同避諱
（E）選用避諱之例,如「放火」、「十八大阿羅兵士」、「兵士書」,應寓有嘲諷之意

答案：(A) (B) (C) (E)

真相揭曉

辨識諷刺與雙關語

　　辨識諷刺可從荒謬情境與誇張語言入手。兩文皆透過權勢者的無理要求與百姓的無奈順從來營造諷刺效果,並以群體的嘲笑強化荒誕感。此外,「榜笞」係指「鞭打捶擊」,「榜」做動詞「鞭打」。至於「書榜」的「榜」則是「張貼在公共場所的通告」。

我知道你在想什麼，
好險我反應快

#108學年度　#世說新語捷悟　#續世說捷悟

聰明人總是可以從對方的小動作，判斷出藏匿在話語背後的想法。無論是眼神微妙的變化，或是嘴角輕輕的上揚，都可以由此解讀一個人未曾說出口的訊息。

東漢末年的楊修正是這樣的一個聰明人，似乎適合擔任重要幕僚的職務，協助長官解決問題。雖然如此，但長官如果是曹操，事情就有點麻煩了，畢竟他是出了名的難搞。

這次，相國府的大門重新整修，剛架好上方的梁木。

難搞的長官曹操出來看了一下，沒說話，只是派人拿筆在整修中的門上寫了個「活」字。他似乎想藉此表達自己的意見，但這樣有說等於沒說，實在很難從「活」揣測曹操的用意：到底是表示滿意還是不滿意？如果不滿意，又該怎麼改進？

或許，那時會有一群人暫停手邊的工作，並圍在「活」字下方議論紛紛，各自提出可能的猜測。畢竟是長官的吩咐，一定有某種特殊的意義，但誰也無法確定真正的答案。

楊修卻做出令人驚訝的舉動，他立刻找來工匠，毫不猶豫地將整修中的相國府大門拆掉，準備重新修建。

拆除工作順利完成，楊修解釋：「在門中間加活字，就等於

『闊』。既然如此,就表示長官嫌棄門做得太大了。」

這樣的思維模式大概是電視節目《一字千金》的創意來源,將漢字當作部件,重新組合成另外一個新的漢字。

因此楊修在此一事件中展現的不只是簡單的聰敏,而是對文字深層意義的精準掌握,然後迅速解讀出背後的隱含指示,並據此做出果斷的決策,且對自己的答案深具信心(但為何不是要把門再做大一點?)。

歷史上,似乎有人批評楊修過於聰明,炫耀自己的才能,最後才落得悲慘的結局,彷彿暗示著有能力的人必定遭受嫉妒與陷害。但我始終認為,懂得與優秀的同事合作非常重要,這不僅表現了謙遜,也是明白自己的局限;在職場的關係裡,學習優秀同事的經驗與創意,在互動中持續成長,才能在職涯上走得更遠。

偶爾,我們會忍不住心中的酸意,可是請記得,與真正聰明的同事一起工作,將會節省你很多無謂的時間,尤其當你並不是那麼聰明的時候。

> 你不必是最聰明的人,
> 但要學會和聰明人一起工作。

劉義慶編撰的《世說新語》為志人筆記小說的代表作品,語言精練、內容豐富,分成三十六門,共一千一百三十則,涉及的時間橫跨六百多年。

到了北宋，出現了《續世說》，作者是孔平仲，他模仿《世說新語》的體例，記錄了南北朝到唐五代的古人八卦軼事。

《續世說》的〈捷悟〉一篇提及，在某次由宮廷舉辦的宴會上，蕭琛喝了不少酒，於是醉倒在桌上。他常說自己年輕時有三大愛好：音樂、書法，還有喝酒。

蕭琛在宮廷宴會上還可以那麼自在的原因，大概是他與當時的統治者梁武帝蕭衍關係親密，彼此的互動頻繁。

所以蕭衍看見醉到不省人事的蕭琛，忍不住生出惡作劇的念頭，拿了一顆棗子往他身上丟去。

喝醉的蕭琛被棗子擊中，忽然就被驚醒了，下意識地拿起旁邊餐盤上的栗子，用力往蕭衍丟過去，然後喊出一句：「食物大戰！」

沒，食物大戰不可能出現。雖然兩個人的表現都有點幼稚，在宮廷宴會之上，絕對不該有食物亂噴亂飛的失禮情況。

蕭琛或許是天生的棒球好手，這顆栗子一擲，竟然直接正中蕭衍的臉。慘了！完蛋了！原本只是一般的嬉鬧，展現彼此的親近與友好，但統治者的臉被栗子丟到又是另一件事，這麼多人在現場看到這一幕，說有多尷尬就有多尷尬。

蕭衍臉色變了，內心可能也在掙扎，到底要不要說幾句嚴厲的話，提醒朋友不該如此對待自己，也間接警告其他現場的看戲觀眾們，統治者的威嚴不可侵犯。可是蕭琛與自己感情不錯，話說得太重有點不好意思，更何況是自己先捉弄對方，對方喝醉酒的反應當然也不能太計較。

「快！快給我個臺階下。」這位小時讀《論語》、長大學佛經的統治者個性向來溫和簡樸，面對這樣難處理的場面，內心應該有個小人正在吶喊。

幸好，蕭琛雖然喝醉，但清醒的速度還挺快，一發現事情的氣氛不太對勁，立刻說：「陛下投臣以赤心，臣敢不報以戰慄。」話一說完，蕭衍的心情瞬間變好。因為蕭琛把原本毫無意義的難堪場面，形容成君臣之間真誠互動。那顆棗子應該是紅棗，所以蕭琛才會將其譬喻為赤心；而自己丟出的栗子諧音慄，係指因恐懼而全身發抖，在這裡用來暗示自己收到來自長官赤裸坦誠的心意，當然會感激到全身發抖。

果然，無論古今都愛諧音哏。

> **當你無法改變事實，不如選擇好的方式解釋它。**

時空謎題

題目 依據甲、乙二文，最符合文意的解說是：

甲、楊德祖為魏武主簿，時作相國門，始構榱桷，魏武自出看，使人題門作「活」字便去。楊見，即令壞之。既竟，曰：「門中『活』，『闊』字，王正嫌門大也。」（《世說新語・捷悟》）

乙、梁蕭琛醉伏於御筵,武帝以棗投之,琛取栗擲上,正中面。帝動色,琛曰:「陛下投臣以赤心,臣敢不報以戰慄。」上大悅。(《續世說·捷悟》)

※ 榱桷:音「崔覺」,屋椽。

(A) 楊德祖透過文字部件的組合方式,察覺魏武諷其好大喜功
(B) 蕭琛運用諧音雙關,將宴會上失禮的行為解釋為恭敬之舉
(C) 楊德祖與蕭琛皆善於揣摩逢迎,洞悉主上言行背後的暗示
(D) 楊德祖急中生智未讓主上失望,蕭琛大智若愚令主上激賞

答案:(B)

🎯 真相揭曉

辨識諷刺與雙關語

　　漢字文化圈很喜歡諧音雙關的趣味,指的是利用語音相同或相近的詞語,使語言表達具有兩種或多種不同的意義,從而達到幽默、隱喻、諷刺,或是祝福的效果。簡單來說,就是「同音的不同字形,傳達不同的解釋」。

第 5 章
連環的事件

每一個連續事件,都是一個謎題的碎片,
只有將它們拼湊完整,才能看到真相的全貌。
——《東方快車謀殺案》,阿嘉莎・克莉絲蒂

調查指南

偵探這樣做
偵探在案件調查中發現，每條線索都是彼此相連的拼圖，只有解開其中一個，才能推進整體調查。例如，一封含糊不清的信件，可能只有在找到另一份舊檔案後，才能真正揭露其中的關鍵訊息。

學生這樣做
學生在閱讀時會發現，需要跨文本連結資訊，才能精確理解事件的發展脈絡，掌握考題的真正意涵。例如，一篇說明地震成因的科學文章，可能與另一篇描述歷史上重大地震影響的文本相互關聯。前者透過地質學原理解釋地震的形成機制，後者則展示地震對社會與文化的影響。

📍閱讀重點
- **跨文本資訊整合**──確認兩篇或多篇文本（包含圖表）如何互相補充，找出關鍵資訊的對應關係，確保理解完整脈絡。
- **以現代文本輔助理解古典文本**──現代文本可提供歷史背景、語言演變或文化脈絡的解釋，幫助讀者更準確地解讀古典文本的真正含義。

- **比較文本觀點與立場**——判斷不同文本之間的關係,分析它們是相互支持、對立還是補充,理解作者的意圖與文本間的對話方式。

📍 問題類型

- **跨文本背景對應**——考題可能要求學生分析古典文本 A 的歷史、文化或語言背景如何影響現代文本 B 的詮釋與理解,或反向運用現代文本 B 來補充、解釋古典文本 A 的背景脈絡。透過跨時代對照,學生須掌握文本間的相互影響,避免以現代視角誤讀古文,或錯失古典文本對當代觀點的影響力。
- **綜合「說明文本」回應**——考題可能要求學生整合多篇說明文本的資訊,其中可能涵蓋古典與現代文本,以建立更完整的知識架構。學生須比較不同文本的敘述方式、觀點或重點,分析它們如何互相補充或對照,並從多元資訊中歸納結論,以準確回應問題。
- **圖表整合分析題**——考題可能要求學生結合文本與圖表資訊,透過多重來源交叉比對,驗證與補充理解。學生須分析圖表如何與文本內容相互支持或提供額外資訊,並綜合兩者的關鍵細節,以準確解讀數據趨勢、事件發展或概念關聯,進而歸納完整結論。

來一碗粥吧

#109 學年度　#陸游　#齋居紀事

　　你怎麼選擇你的生活方式，就是在選擇你想成為什麼樣的人。選擇簡單還是複雜，選擇追求物質還是內心平靜，選擇快速奔跑還是慢慢散步，皆在一步步塑造你的未來模樣。

　　北宋陸游《齋居紀事》記載了許多他選擇的生活方式，其中提到三道粥品的食譜：

　　首先是「烏豆粥」，採用新鮮、碩大的一斤烏豆，再以炭火煮一整天（不會燒焦嗎？），把它煮到糜爛的狀態，此時可以再另外煮三升米粥，等到米粒已經融化在湯裡，再倒入剛剛調理好的烏豆，以及一斤的糖（竟然是甜品！），攪拌均勻後，再加上四兩切細的生薑末。

　　噹噹！烏豆粥完成。

　　此外，烏豆粥也有加麻油不加生薑末的版本。

　　再來是「地黃粥」。地黃是一種漢方藥材，陸游使用地黃二合，等到水滾後，連米一起倒入水中。另外，將酥二合（可能是油？）與蜜一合拌炒，炒到香味出來，並確認可以食用時，先將它儲存在罐子裡，等到粥快煮熟後再倒入調味（又是甜食）。

　　最後是「枸杞粥」。使用新鮮的紅色枸杞，沒有經過加工處

理，只是慢慢地研磨，然後用乾淨的布包起來，擠出汁液。每一碗粥都可以加一盞枸杞汁，再放入少許經過煉製的熟蜜，這樣才好吃。

記錄完粥單，陸游說明了自己的飲食策略，認為早晚進食時，無論是粥、飯、湯餅等澱粉類食物，都應該適量，不要吃得太飽，讓肚子還留一些空間。魚和肉等食物只是用來下飯或配酒，吃得剛好即可，吃太多反而對身體有害。顯然陸游沒有健身的需求，不考慮補充豐富的蛋白質。

如果偶爾某樣食物吃得多了，就要適當減少其他食物來平衡。例如，湯餅吃得稍多時，少吃一些飯；飯吃得稍多時，減少肉的分量，總之不要超過這個適量的範圍。

吃完飯後，散步五十步到七十步，然後鬆開衣襟和褲帶，稍微躺著簡單休息一下，陸游強調：「養生就該是這樣啦！」

吃東西不僅是為了維持生命，也是證明我們是誰，以及我們如何生活的宣言。每一餐也是個人存在的縮影，生活的「味道」講述著這樣的旅途：我們去過哪裡？要去哪裡？（吃了螢光咖哩、三色豆，你就去過學校。）

比較糟糕的是：忙碌的生活，時常讓自己忘記吃下什麼東西，你還記得起前天的早餐嗎？如果你難以回想，那彷彿等於遺失了旅途中的時間。

> 你得好好吃個東西，
> 然後好好過個生活。

時空謎題

以下三題為題組。閱讀下文,回答題1至題3。

甲、

陸游粥品私房筆記	
烏豆粥	用新好大烏豆一斤,炭火鬻一日,當糜爛。(此時)可作三升米粥,至極熟,下豆,入糖一斤和勻,又入細生薑綦子四兩。
地黃粥	用地黃二合,候湯沸,與米同下。別用酥二合、蜜一合,炒令香熟,貯器中,候粥欲熟乃下。
枸杞粥	用紅熟枸杞子,生細研,淨布捩汁,每粥一椀用汁一盞,加少煉熟蜜乃鬻。

乙、陸游是一位高壽的詩人,注重養生。他主張「若偶食一物多,則當減一物以乘除之,如湯餅稍多,則減飯」,又認為「養生所甚惡,旨酒及大肉」,提倡「食淡百味足」。不過,陸游的體質並不好,他曾提到自己「不堪酒渴兼消渴」。古人所說的消渴,即今日所稱的糖尿病。陸游的牙齒也不好,有〈齲齒〉等一百多首與牙病相關的詩。其實,血糖控制不好的人,不但容易蛀牙,也會增加牙周破壞的程度,陸游晚年詩句「一齒屢搖猶決肉」、「欲墮不墮齒更危」,顯示他可能深為牙周病所苦。或許正因如此,陸游特別喜歡吃粥。他在〈薄粥〉詩力讚食粥能讓「饑腸且免轉車輪」,又於〈食粥〉詩說:「世人個個學長年,不晤長年在目前。我得宛丘平易法,

只將食粥致神仙」。「宛丘」即蘇門四學士之一的張耒,寫過一篇〈粥記贈潘邠老〉,認為食粥可以延年。據說陸游晚年起床後第一件事就是熬粥,熬好後喝一碗,再睡個回籠覺,「粥在腹中,暖而宜睡,天下第一樂也」。(改寫自譚健鍬《史料未及的奪命內幕》)

丙、

掌握低 GI 飲食,遠離糖尿病!

升糖指數(GI):是指食用食物後兩小時內血糖增加值與基本值的比較。它顯示食物經腸胃道消化後產生的醣分所造成血糖上升的速度快慢。食物的 GI 值越高,會讓血糖上升的速度越快。

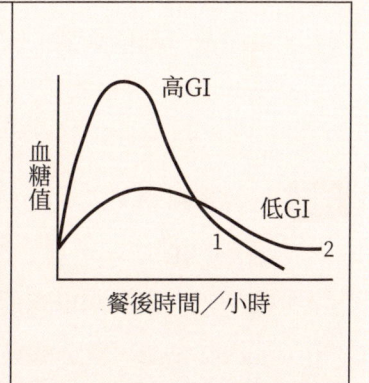

影響食物 GI 的因素	
食物營養素	蛋白質或脂肪類食物消化程序較複雜,GI 值通常較精緻澱粉類低。
食物型態	稀爛、切碎的食物容易吸收,GI 值較高。
纖維含量	纖維量越高,GI 值越低。
烹調方式	澱粉經長時間烹煮而糊化,GI 值較高。水煮的 GI 值低於炒、煎。

| 食物搭配 | 高 GI 食物和低 GI 食物搭配食用，可平衡 GI 值。 |

題1 依據資料甲，關於陸游的煮粥祕訣，下列敘述最適當的是：

（A）煮粥時間長短，依序為地黃粥＞烏豆粥＞枸杞粥
（B）以烏豆、枸杞煮粥，烏豆和枸杞均須預先處理備用
（C）以地黃、枸杞煮粥，均須在起鍋後另加以蜜炒製的配料
（D）烏豆當於冷水時與米同煮，地黃則須待水沸後方與米入鍋

題2 依據資料甲、乙、丙，關於陸游食粥與健康的敘述，最適當的是：

（A）陸游曾向張耒求得煮粥筆記，鑽研粥品養生之道
（B）陸游吃粥雖可使牙齒免於咀嚼，卻不利於血糖控制
（C）吃粥兩小時內血糖波動小，能讓陸游的回籠覺睡得安穩
（D）加糖會讓陸游的粥品 GI 值上升，但長時間熬煮可減低粥品 GI 值

題3 若陸游想控制血糖，則依據資料丙，對①、②兩項調整方式，最適當的判斷是：

①每餐多吃一碗白飯，少吃一碗塊狀肉類。
②每餐少吃一碗清粥，多吃一碗高纖蔬菜。

（A）①、②皆正確　　（B）①無法判斷，②正確

276　厭世古文偵探

（C）①錯誤，②正確　（D）①錯誤，②無法判斷

答案：1. (B) 2. (B) 3. (C)

🎯 真相揭曉

題 1：提取明確事實

想確認選項 A 是否正確，必須知道在這裡「鬻」有「煮成粥狀」的意思，但在其他的地方見到這個字，比較常用作「賣」，例如「鬻文」便是「賣文」，指「替人撰寫文字而收受酬金」。至於其他的選項，都可以從資料甲輕鬆判斷。

題 2：綜合「說明文本」回應

好像根本不需要看資料甲，被騙了（好啦！選項 D 似乎有關）。這類型題目的解讀原則是：解讀與分析時，應先掌握理論或概念的核心要點，確認其適用範圍與條件。接著，在具體案例或文本中尋找符合該理論的現象，透過關鍵詞、敘述方式與背景資訊對應確認其關聯性。

題 3：圖表整合分析

以「食物的 GI 值越高，會讓血糖上升的速度越快」為基礎，判斷題目中的「白飯」與「粥」分別對應資料丙中的「精緻澱粉」與「澱粉經長時間烹煮而糊化」；至於「肉類」與「蔬菜」則對應資料丙中的「蛋白質或脂肪類食物」與「纖維量越高」。

「喇加多」在這裡

#107 學年度　　# 南懷仁　　# 坤輿圖說

　　你是如何認識這個世界的？知道那裡有大海、那有山脈、丘陵、平原，那裡有飛鳥、走獸，抑或是繁華的都市與古老的部落？

　　南懷仁會用八塊木板幫助你認識這個世界。

　　十七世紀，傳教士南懷仁繪製了《坤輿全圖》，係以八塊木板雕刻而成，接著再轉印在紙上。

　　所謂「坤輿」是指大地的意思，《坤輿全圖》即是以圖畫展示大地上的一切──東西半球、海洋，以及數十種海陸生物。

　　為了說明與解釋《坤輿全圖》，南懷仁還附贈一本手冊《坤輿圖說》，裡面提到了地形、地震、山岳、海潮、海動、江河、人物、風俗、動物⋯⋯手冊中記載厄日多國（埃及）有喇加多（鱷魚），牠的身體大約有三丈，換算成現在的單位是十公尺左右，這似乎有點太長了。

　　關於鱷魚，文字如此形容：長尾，堅鱗甲，刀箭不能入。足有利爪，鋸牙滿口，性甚獰惡。鱷魚尾巴很長，身體佈滿堅硬的鱗片，刀砍或箭射都無法製造半點傷害，根本一輛活體裝甲車。此外，鱷魚的腳有銳利的爪子，嘴巴則有鋸子般牙齒。明顯的，

這輛活體裝甲車還自帶高殺傷力的武器。更可怕的是，鱷魚個性很凶惡殘暴，似乎隨時都會殺掉你或其他會呼吸的動物，但我個人覺得這是外表造成的錯誤印象。畢竟生存本能決定了行為模式，為了保護自己並確保獲得食物，必須展現出極具威脅的外貌和行為。

人類對未知的恐懼和對外貌的偏見，時常帶來不完全正確的判斷；不過即使我知道如此，看到鱷魚我還是願意保持安全友善的距離。

南懷仁繼續描繪鱷魚的外觀，身體顏色呈現黃色，沒有舌頭，所以不能舔冰淇淋。其實鱷魚有舌頭，只是固定在口腔頂部，但還是因為無法使用而不能舔冰淇淋。

不過，鱷魚張嘴吃掉你倒是沒有問題，牠會打開上顎，再用強壯的下顎狠狠地咬住你身體的一部分，把你撕成肉條，或是把你拖進水裡淹死，完全看牠今天想吃「沙西米」還是「泡水肉」。

不必太擔心，鱷魚比較喜歡吃魚，牠在陸地上只會吐口水，像是在惡作劇一樣，故意讓人或動物滑倒（真是個小淘氣），再趁機吃掉對方，所以你小心地上的那一灘口水就好。

然後，看到人站得太遠，鱷魚就會哭哭（小淘氣事蹟再加一）。其實這完全不代表任何情緒，眼淚單純是離開水面太久，導致眼睛變得乾燥，淚管分泌液體來潤滑與清潔眼球，後來就有人以「鱷魚的眼淚」來指稱虛假且不真實的同情心。

在南懷仁那個時代裡，人們對自然的了解還遠不如今天，想

像鱷魚這種神祕而凶猛的生物自然充滿誇張與錯誤。但靠近就會被咬這件事，應該準確度很高，鱷魚的凶猛本能和進食的欲望是不可忽視的現實。另外，鱷魚冬天不吃東西，睡覺時會張開嘴巴吐出氣體。

據說「應能滿」這種動物是鱷魚天敵，看起來像是淡黑色的松鼠，牠會鑽進鱷魚肚子啃咬其中的內臟，埃及人靠「應能滿」來制止鱷魚入侵——這到底是什麼小怪物？

> 工作中的微笑和鱷魚的眼淚一樣，裡面沒有裝進任何情感。

時空謎題

以下四題為題組。閱讀下列甲、乙二文，回答題1至題4。

甲、利未亞州（非洲）東北厄日多（埃及）國產魚，名喇加多（鱷魚），約三丈餘。長尾，堅鱗甲，刀箭不能入。足有利爪，鋸牙滿口，性甚獰惡。色黃，口無舌，唯用上齶食物。入水食魚，登陸每吐涎于地，人畜踐之即仆，因就食之。見人遠則哭，近則噬。冬月則不食物，睡時嘗張口吐氣。（南懷仁《坤輿圖說》）

乙、莎士比亞的戲劇說：「那公爵如淌著眼淚的鱷魚，把善心的路人騙到嘴裡。」鱷魚眼睛所分泌的液體，有科學家曾經認為應是用來排出身體多餘的鹽分。許多生活在海裡的爬行動物，因為腎功能不如海生哺乳動物，故以鹽腺來恆定喝入海水後的體內離子。例如海龜的鹽腺位於淚腺中，海龜看似流眼淚，其實是讓鹽分藉此排出。海鬣蜥的鹽腺位在鼻腺中，牠們會從鼻孔排出結晶狀的鹽分。海蛇的鹽腺則在後舌下腺中。總之，鹽腺的位置是個別演化的，但功能相似。

目前已無生活於海中的鱷魚，但有些鱷魚仍棲息於河口或淺海。科學家後來發現，牠們的舌頭表面會流出清澈的液體，進而懷疑這才是鹽腺的分泌物。經過蒐集分析，果然其含鹽量比眼睛分泌物來得高。例如亞洲的鹹水鱷與美洲的美洲鱷，鹽腺都位在舌下腺中，牠們舌頭表面的孔洞會分泌出高鹽分的液體。至於同一屬的淡水表親，如澳洲淡水鱷，也有結構相同的舌下鹽腺，但效能就略遜一籌；同一科的西非狹吻鱷和西非矮鱷，情況也大致類似。但生活於淡水地區的短吻鱷科鱷魚，例如美洲短吻鱷和眼鏡凱門鱷，舌頭的孔洞都極小，前者的排鹽效率奇差，後者則完全不會排出鹽分。

鱷魚通常在陸地待了一段時間後，位於瞬膜的哈氏腺便會分泌鹹液潤滑眼睛。瞬膜是一層透明的眼瞼，除了滋潤眼睛外，當鱷魚潛入水中，閉上瞬膜，既能保護眼睛，又能看清水下情況。另有實驗發現，有些鱷魚會邊進食邊流淚，甚至眼睛冒出泡沫，推測可能是咬合時壓迫鼻竇的生理反應。（改寫自

《國家地理雜誌》中文網）

題1 下列關於甲文敘寫「喇加多」的分析，**錯誤**的是：
(A) 先談外形，再寫習性；習性再分「獵食」、「避敵」兩線敘寫
(B) 以「利爪」、「鋸牙」襯托「獰惡」，以「刀箭不能入」強化「堅鱗甲」特徵
(C) 以「入水」、「登陸」的活動範圍，描述其生活特性，也寫獵食對象甚廣
(D) 藉「吐涎于地」和「遠則哭，近則噬」二事揭露其獵食技倆

題2 甲文「人畜踐之即仆」的鱷魚涎液，若依乙文的看法，最可能的分泌來源是：
(A) 哈氏腺　　(B) 舌下腺
(C) 淚腺　　　(D) 鼻腺

題3 甲文謂鱷魚「見人遠則哭」，若依乙文的看法，其主要原因應是：
(A) 引誘獵物　　(B) 排除鹽分
(C) 哀傷憐憫　　(D) 潤滑眼睛

題4 乙文第二段列舉數種鱷魚，最主要是為了說明：

282　厭世古文偵探

（A）不同棲息地的鱷魚，鹽腺的效能也隨之有別
（B）不同種類的鱷魚，鹽腺所在的位置也不相同
（C）鱷魚鹽腺的位置，會隨棲地鹽分多寡而改變
（D）鱷魚鹽腺的退化，係經過長時間的演化歷程

答案：1.(A) 2.(B) 3.(D) 4.(A)

🎯 真相揭曉

題1：區分字詞義

考題遇到生僻或不常見的詞語時，不必因為發音或陌生而感到恐懼，而應依靠考題提供的注釋來理解其真正含義。也就是說，這些詞語只是換了一種說法而已，並非故意設下的陷阱。例如「喇加多」其實就是「鱷魚」的另一種稱呼（注釋也有說，沒說也一樣）。只要根據注釋和題目脈絡去判斷，便能正確解讀考題，避免被詞語表象所迷惑。

題2：綜合「說明文本」回應

「涎」（你是不是唸成「延」？應讀「鹹」）有「口水、唾液」的意思，據此可推測「舌下腺」是比較合理的答案，而要確認則可從乙文中「鹽腺的分泌物」→「鹽腺位於舌下腺」判斷。

題3：綜合「說明文本」回應

不必再看回甲文（你要看也可以），題目「見人遠則哭」已

經說明是鱷魚眼睛有分泌物，從乙文提到的「瞬膜的哈氏腺便會分泌鹹液潤滑眼睛」可知道答案。

題 4：提取明確事實

從「鹹水鱷」和「淡水鱷」可知是指「棲息地不同」的鱷魚，這裡就與文言文無關了。

有病就要看醫生

#114 學年度　#錢乙　#小兒藥證直訣

家裡的小孩生病怎麼辦?如果你活在北宋,你會希望醫生錢乙來幫忙治病。

根據記載,錢乙的醫術是繼承養父而來。他的生父原本也擅長為人解決疾病的困擾,卻因為沉溺在酒精之中,最後竟然喝著喝著就離開家鄉,去到一個沒有人知道的地方,再也沒有回來。此時,悲慘的小錢乙才三歲,母親也早已過世,只好跟著姑姑一起生活,而未來的姑丈也成為了他的養父。

錢乙三十歲之後才知道自己的身世,不可置信的是,他竟然找回了失蹤已久的生父,同時照顧與侍奉兩位父親——直到他們離開人間。

後來,錢乙成為治療小孩(六歲以下)疾病的醫學專家。在那時,醫術被視為非常困難的技能,關於小孩的診斷更是難上加難,理由有以下五個:

第一、相關的醫學紀錄太少,無法得到有價值的資訊。
第二、小孩的脈象微弱,不舒服發出的哭聲也會影響診斷。
第三、身體發育未完全,難從外觀作為診斷依據。

第四、小孩的表達能力較差，即使詢問也無法得到相對正確的答案。

第五、藥物分量拿捏不易，必須準確針對病症進行治療。

因此，小孩只要生病，大概等於已經一隻腳踏進鬼門關了，死亡率據說高達百分之四、五十。幸好，錢乙的醫術「簡易精審，如指諸掌」可以作為學習與觀摩的對象，甚至是治療的標準程序，有機會提高小孩存活的機率，於是後人重新整理他原本凌亂的醫學相關紀錄，編寫成《小兒藥證直訣》一書，將其醫學知識與技術傳承下去。

在《小兒藥證直訣》中提及一則錢乙治療成功的病例：東都張氏的九歲孫子因肺熱生病，主要症狀為咳嗽、喘息、胸悶煩躁，不停喝水，但完全無法進食。

錢乙開了「使君子丸」和「益黃散」兩種藥物給小孩服用。這時這位姓張的家長提出疑問：「他這是熱症，為什麼還用溫性的藥物？」有些家長就是這樣，為了展現某種「你不要騙我不懂」的謹慎，硬是要加入非個人專業領域的話題之中。

不過，錢乙仍然耐心地解釋：「涼性的藥物導致脾胃寒冷，所以無法進食；必須先補脾胃，讓小孩能吃點東西並恢復體力，接著再處理肺部的問題。」換句話說，錢乙的治療方式是先照顧脾胃的運作，讓身體獲得足夠的能量後，再針對病根進行治療。

等到孩子服用補脾的藥物兩天後，開始想吃點東西。錢乙接著再用「瀉白散」來清理肺部，孩子的病果然痊癒了。

結果那個姓張的家長又有問題：「為什麼不會導致虛弱？」錢乙的白眼可能已經翻到後腦杓，想說這不是跟前面相似的問題嗎？竟然再問一次，醫生在講到底有沒有在聽！（摔毛筆）

「先實其脾，然後瀉其肺，故不虛也。」錢乙依舊保持冷靜地表示，先強壯脾胃，再清洩原本肺部的鬱熱，如此一來，便能恢復原本的健康。

說起來簡單，但人們總容易專注解決於眼前的問題，視野不自覺被限縮而無法做出有效的處理，這種認知偏差通常源於緊迫性、壓力，或對熟悉解決方案的過度依賴。當人們面臨壓力時，會本能地將精神集中在問題最直接、最明顯的方面，而將更廣泛的考慮視為不相關的干擾。

的確，有些時候，陷在困境的原因是我們確信事情就是如此，忘記還有我們沒注意的事情。

> 改變看待問題的方式，
> 或許正是解決問題的起點。

時空謎題

以下三題為題組。閱讀下文，回答題 1 至題 3。

甲、《小兒藥證直訣》匯集北宋兒科大家錢乙的醫療觀點與方法，是世界現存最早的兒科專著。錢乙注重五臟、五行間的生剋關係，並提出相應的治法和方劑，而小兒臟腑柔弱，

故主張用藥應避免強攻。

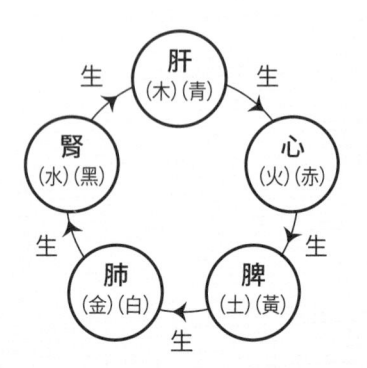

```
         肝
      (木)(青)
    生  ↑  ↓ 生
   腎         心
(水)(黑)    (火)(赤)
   ↑          ↓
  生          生
   肺    ←    脾
(金)(白)    (土)(黃)
         生
```

書中保存了二十多個醫療案例與一百多種方劑。這些方劑或以五臟與五色的對應關係命名，如導赤散、益黃散、瀉白散、瀉青丸；或以方中主要藥材阿膠命名，如阿膠散。

阿膠散是錢乙研創新方的代表，注重補肺止咳的主要療效，又用甘草、糯米護脾胃以培土生金。至於化裁古方，如香連丸，主治熱痢。古制用黃連苦降以清熱，木香芳烈以行滯。錢乙則加入豆蔻溫澀止瀉，命名豆蔻香連丸。雖同樣治療腹痛腹瀉，但寒熱通澀之性有別。

乙、東都張氏孫，九歲，病肺熱。……其證：嗽喘，悶亂，飲水不止，全不能食。錢氏用使君子丸、_____。張曰：「本有熱，何以又行溫藥？他醫用涼藥攻之，一月尚無效。」錢曰：「涼藥久則寒不能食。小兒虛不能食，當補脾，候飲食如故，即瀉肺經，病必愈矣。」服補脾藥二日，其子欲

飲食。錢以＿＿＿＿瀉其肺，遂愈。張曰：「何以不虛？」錢曰：「先實其脾，然後瀉其肺，故不虛也。」（《小兒藥證直訣》）

題1 甲文敘及「豆蔻香連丸」，主要是為了強調錢乙：
（A）不拘限於傳統，合宜調整用藥
（B）善於改變藥性，易溫澀為寒涼
（C）致力考察古今方劑藥材的差異
（D）積極保存古代醫典所載的名藥

題2 依據甲文附圖，乙文＿＿＿＿內應填入的藥名，依序應是：
（A）導赤散／瀉白散　　（B）導赤散／瀉青丸
（C）益黃散／瀉白散　　（D）益黃散／瀉青丸

題3 綜合甲乙二文，下列①、②是否符合錢乙醫療觀點，最適當的研判是：
　　①五臟母子相生，治療時宜先補母，母實之後再瀉子。
　　②不強攻病證，待小兒飲食恢復正常後，方對症用藥。
（A）①、②皆符合　　（B）①、②皆不符合
（C）①符合，②不符合　（D）①不符合，②符合

答案：1.(A) 2.(C) 3.(A)

⊕ 真相揭曉

題1：提取明確事實

從甲文知道「豆蔻香連丸」是在傳統「香連丸」加入「荳蔻」的新藥丸，從此行動可知選項A為正確答案。此外，甲文提到的「痢」就是拉肚子的意思，所以才說「豆蔻香連丸」可以治療「腹痛腹瀉」。

題2：圖表整合分析

看圖得知，五臟對應五行與五色，從乙文知道治療需要「補脾」與「瀉肺」，那麼根據「五色」可以推知補脾就是「補黃」，瀉肺就是「瀉白」。選項中有「瀉白散」的，顯然便是答案之一；雖沒有「補黃散」，但有與相似意涵的「益黃散」。這種題目，感覺好像在玩比較不精采的密室脫逃遊戲。

題3：區分字詞義

「母子」一詞除了字面上的意思──指母親與子女，在不同的語境中，也可以作為譬喻，表示事物的根本與衍生、主體與附屬、核心與延伸等關係。

錯了沒關係，改變才是關鍵

#113學年度　#周處　#孔約　#祖台之　#世說新語

改過自新有多該令人敬佩，從周處的故事被放在兩部志怪小說集裡就知道了，大概那時候的人覺得：「哇！壞人變好，鬼才相信。」

等會兒看到的故事裡，沒提到周處改過自新的部分，反而比較像是將他視為一種怪物。

第一則來自東晉孔約的《志怪》，其中提及在義興這個地方有一隻邪足虎，意思是跛腳的老虎，感覺不是太厲害，正常人即使打不贏牠，也可以跑得贏牠。然而，這隻老虎與另一隻可怕的動物「蒼蛟」，都以吃人吃出名氣，造成地方百姓的畏懼。除了這兩隻凶獸之外，再加上住在城西邊的周處，合稱「郡中三害」。

周處能以人類的力量，與會吃人的老虎與蛟龍並列一起，那得有多恐怖，或者得殺多少人？

另一則周處的故事來自祖台之《志怪》，作者也是生活在東晉時期，他的敘述比孔約來得詳細許多，雖然沒有提到「三害」這個排行榜，但增添了周處如何解決蒼蛟的過程。

起初，周處聽到橋下有蒼蛟會吃人，於是拿劍在橋旁邊等待

牠出現。周處很有耐心，等了很長一段時間，終於看見蒼蛟了，他便從橋上飛身躍下，準確落到蒼蛟的背上，用劍連續刺進蒼蛟體內。整條溪水都是蒼蛟的鮮血，從郡渚一路流到太湖的句浦，表示蒼蛟一路游了很長一段距離才失去了生命。

周處的故事原本很簡略，到了《世說新語》才變得完整，不僅加了刺虎、擊蛟的過程，也補充敘述周處如何殺死原本邪惡的自己。

改過自新不容易，世上本沒有所謂「立地成佛」，仍需要透過行動來作為證明，甚至需要他人的指引，才能確保決定符合正確的原則。因此，周處跑去找當時著名的陸機和陸雲兩兄弟，希望得到智者的開導，當時陸機不在，陸雲在，周處交代了自己的故事後便問道：「我還來得及變好嗎？」

「只要你願意，一切來得及。」陸雲這樣說。

錯誤是難以避免的，這是人類的一部分。解決錯誤的第一步是承認，需要謙虛自省和面對缺陷的勇氣，從責怪外部環境轉移到個人的責任之上。承認之後就需要理解，反思錯誤的原因，或是潛在的問題。接著，在錯誤中發現學習的可能，並轉化為寶貴的經驗：將錯誤看成機會，把挫折視為成長。

我們需要處理錯誤留下來的後果，除了解決可能形成的問題之外，也能體現願意承擔的態度。改正錯誤不只是要消除它們，也是關於重塑自己生命的開始。

> 生命原本是一張乾淨的白紙，
> 逐漸成為不斷重寫與塗改的練習簿。

時空謎題

以下三題為題組。閱讀下文，回答題1至題3。

周處生時或死後沒有多久，便有關於他的軼聞流傳。甲 如孔約《志怪》云：「義興有邪足虎，溪渚長橋有蒼蛟，並大啖人，並郭西周，時謂郡中三害。周即處也。」又如祖台之《志怪》所述：「義興郡溪渚長橋下有蒼蛟吞啖人，周處執劍橋側伺。久之，遇出，於是懸自橋上投下蛟背而刺蛟，數創，流血滿溪，自郡渚至太湖句浦乃死。」乙兩書均成於東晉時期，時間相近。同一件事，何以在記述上各有其偏重之處？丙《世說新語》則結合「三害」與「斬蛟」，並增加「殺虎」情節，使傳說更為完整：

周處年少時，兇彊俠氣，為鄉里所患。又義興水中有蛟，山中有白額虎，並皆暴犯百姓。義興人謂為「三橫」，而處尤劇。或說處殺虎斬蛟，實冀三橫唯餘其一。處即刺殺虎，又入水擊蛟。蛟或浮或沒，行數十里，處與之俱。經三日三夜，鄉里皆謂已死，更相慶。竟殺蛟而出，聞里人相慶，始知為人情所患，有自改意……處遂改勵，終為忠臣孝子。

丁固定了「義興三害→周處射虎斬蛟→周處幡然悔悟、

改過自新」的情節單元，成為後世「周處除三害」傳說的「基型」。（改寫自羅景文〈周處傳說探究〉）

題1 上文有甲、乙、丙、丁四處標記。依據文意，「蓋由民間口傳，各記見聞，彼此歧異，故是尋常事。」句應填在：
（A）甲　（B）乙　（C）丙　（D）丁

題2 關於文中引述的三則周處傳說，說明**不適當**的是：
（A）孔約提及義興時有三害，周處為其一，而未述及周處的改過自新
（B）祖台之未提到義興三害，聚焦於周處斬蛟，敘述較孔約《志怪》生動
（C）《世說新語》渲染周處殺虎以見其凶彊，呈現與志怪相異的志人特質
（D）《世說新語》增加里人相慶、周處聞知情節，以突出周處悔悟自新的轉折

題3 迷因（meme）是文化傳遞的微型單位，經由模仿、複製、改作，承載片段資訊或觀點，透過語文、圖片或影音等型態流傳，帶來影響。「周處除三害」即屬迷因，依據下列電影《周處除三害》簡介，關於其模仿、改作

傳說，說明最適當的是：

> **電影《周處除三害》簡介**
>
> 亡命天涯的槍擊犯陳桂林，誤信醫師的診斷，以為自己身罹絕症。在醫師勸說自首後，因為不希望自己死後被別人遺忘，決定以惡制惡，追殺排名在他之前的兩大通緝要犯。最後投案自首，接受槍決伏法。陳桂林自以為是現代周處，卻沒想到困住他，讓他逃無可逃的，從來都不是外在環境，而是內心的貪、嗔、痴。

（A）行為動機模仿傳說，陳桂林因欲「為民除害」，而向兩大通緝要犯下手
（B）故事結局模仿傳說，陳桂林悔悟後奮發向上，改造自己，最終盡除三害
（C）人物設計模仿傳說，均安排一關鍵角色，勸說主角在離世前為人間除惡
（D）三害概念模仿傳說，將猛虎惡蛟轉為兩大通緝要犯，並創發貪嗔痴的新義

◎ 真相揭曉

題1:識別時間轉換語詞

　　題目中的「蓋」放在句首有「發語詞、提起下文、無義」和「乃是、實在是」兩種意思,由後者可以推測「蓋由民間口傳……」一句,係在回應前文中「何以在記述上各有其偏重之處」的疑問,進一步解釋為什麼故事會有不同的記載。這具有在文章中起到銜接兩個段落、說明關聯、或者解釋前後內容的作用。

題2:選項陷阱

　　若你沒注意到選項C中的「渲染」一詞,那麼很容易根據記憶中《世說新語》是「志人小說」而誤判是適當的敘述。所謂「渲染」係指「言詞、文字過度吹噓誇大」或「透過對景物、人物、環境的心理、行為,做多方面描寫形容,突出形象,加強藝術效果」,但在文章裡只有「處即刺殺虎」一句,並不符合渲染的條件。

題3:跨文本背景對應

　　如果你對「迷因」熟悉,可能會直覺聯想到許多有趣的圖片,但你仍必須根據題目的定義做出判斷,進而分析電影簡介是否符合各個選項的判斷。

過去的智慧照亮前行的路

#111 學年度　#淡水廳志稿

　　臺灣第一位進士鄭用錫記錄了父親鄭崇和的遺言：「作善降祥，作惡降殃，天之理也。」西元一八二七年的七月四日，鄭崇和病終前叮嚀後世子孫，認為只要做好事，上天自然會給予好的運氣；若是做壞事，上天也會給予壞的災禍，這一切都是宇宙的規律。

　　換句話說，有某種無形的力量掌控人類行為的後果，這力量既公正又不可逃離，猶如一張看不見的網，將善行與惡行的結果緊密相連。

　　接近死亡的鄭崇和，似乎看見了神的意志與存在，但他更傾向支持人類的選擇才是決定未來好壞與否的關鍵，反對過度迷信所謂的陰宅風水之說。

　　你阿公埋在哪裡，與你的人生毫無關係。

　　鄭崇和表示，自己的祖父鄭懷仁還活著的時候，那些姓鄭的子孫們都受到他的照顧。鄭懷仁在康熙年間從福建遷入金門。到了乾隆時期，年幼的鄭崇和則跟著大人們渡海定居臺灣苗栗後龍一帶，後來才又搬家到竹塹，成為當時著名的知識分子兼地主。

　　「這一切都是阿公給的。」鄭崇和感念鄭懷仁生前的努力，

但沒想到其他後世子孫仍希望鄭懷仁死後繼續庇蔭自己,想要找到一個好地方埋葬屍體,祈求枯骨仍有靈性,以神力護佑鄭氏子孫。

「這是迷信,你們小心一點。」鄭崇和說。

因此,鄭崇和的要求很簡單,自己死掉之後,你們千萬不要受到堪輿家的蠱惑,認為可以從墓地的選擇來決定家族的興衰禍福,浪費時間找尋所謂的寶地,四處探勘地脈、山勢、水流,覺得這樣就可以帶來福祉與利益。

我猜想,要不是鄭崇和病到已經快死掉了,他應該會更生氣一點,覺得活著照顧你們已經夠累了,死後還要繼續保佑你們,到底何處才是盡頭?鄭崇和表示自己有塊位於後龍山中的土地,把那裡當作墓地使用就可以了,如此便能滿足他的心願;畢竟一個死人還需要多大、多好的位置呢?

再遠的未來,都不是鄭崇和需要擔心的事情,所以他說:「無論好或壞,都是你們自找的,別牽拖到墳墓上面。」那些活人的事,都是活人應該擔心的,不關死人的事,死人也從來不擔心。

的確,超過三代以後,祖先的名字便漸漸模糊在時間的河流中。然而,我們的文化遺產、家族傳統,甚至我們持續迭代變化的價值觀,無不藉由那些無聲的選擇,還有當時的環境所形塑而成。

記住祖先,不僅是追憶,更是一次自我確認:我們也正為後世創造福祉,如同他們曾經為我們留下有形與無形的遺產。未來的子孫亦將如此,延續這條未曾斷裂的生命之線。

懷念祖先,是跨越時空的連結,它彌合了過去、現在與未來的距離。

> 你繼承了祖先的遺產,
> 不守護就沒有傳承。

時空謎題

以下三題為題組。閱讀下文,回答題 1 至題 3。

甲、國定古蹟鄭崇和墓介紹（位於苗栗縣後龍鎮）

墓始建於道光 7 年,規制悉依《大清會典事例》,占地廣大,氣勢宏偉,又於同治 6 年重修。鄭崇和生於乾隆 21 年,卒於道光 7 年。康熙年間,始祖鄭懷仁自福建漳州遷入金門（浯江）。乾隆 40 年,三世長子鄭國周率四弟國唐、五弟國慶及國唐四子崇和來臺,定居後龍。鄭崇和少時好讀書,但屢試不第,後來捐為監生。他先在後龍教書,後遷至竹塹。鄭家因從事土地開墾,遂成為竹塹鉅富。鄭崇和生活儉約,厚待親族,也留心公共事務,濟助鄉里,義行深受肯定,去世後即獲朝廷同意入祀鄉賢祠。

鄭崇和先是收養大哥鄭崇聰之子用鍾,後生三子:用錫、用錦、用鈺。

皇清誥贈
通奉大夫
二品夫人　顯祖考祀鄉賢祠鄭公
　　　　　妣鄭門陳太夫人合葬佳城

四大房孫男
如蘭　如雲　如梁　如椿　等重修

墓碑部分文字

用鍾雖無功名,但以經營實業著稱。用錦是秀才,用銛是歲貢生,用錫是道光3年進士,官至禮部員外郎。鄭崇和父以子貴,去世後也獲誥贈。鄭崇和之妻卒於道光25年,原葬寶斗仁山,後移葬與鄭崇和同穴。在臺灣現存古墓中,鄭崇和墓規模僅次於嘉義王得祿(一品官)墓,與新竹鄭用錫墓相似。

乙、鄭崇和臨終前交代

作善降祥,作惡降殃,天之理也。吾見今人受祖父生前蔭庇,歿後又妄信風水,乞靈枯骨,不亦慎乎?吾歿後,爾輩勿惑堪輿家言,貪尋吉地,為福利計。吾後龍山中田有老屋地焉,營而葬之,吾願足矣。將來為吉為凶,爾輩自取之,何與墳塋?

丙、《古蹟指定及廢止審查辦法》第二條

古蹟之指定,應符合下列基準之一:
一、具高度歷史、藝術或科學價值者。
二、表現各時代營造技術流派特色者。
三、具稀少性,不易再現者。
國定古蹟之指定基準,係擇前項已指定之古蹟中較具重要、保存完整並為各時代或某類型之典範者。

題1 依據資料甲,下列關於鄭崇和的敘述,最適當的是:
(A)十九歲時,隨祖父、父親、叔叔遷居後龍
(B)生前即因兒子們功名有成,晉升為通奉大夫
(C)長子由大房過繼,是鄭家家業發達關鍵人物之一
(D)妻子姓陳,仙逝較早,故於鄭崇和過世後才同葬

題2 依據資料甲、乙，下列關於鄭崇和墓的敘述，最適當的是：

(A) 鄭崇和雖自認深受祖先陰宅風水庇蔭而富裕，但不願子孫迷信擇地求福之說

(B) 鄭用錫等雖按鄭崇和遺願將其葬於老家山中，但鄭如椿等仍另外擇吉地遷葬

(C) 最初形制簡約，後因鄭用錫中進士並授官，始據《大清會典事例》擴大規模

(D) 「祀鄉賢祠」記於墓碑，可見既是當時官方認可功績，家族也視為無上光榮

題3 資料丙《古蹟指定及廢止審查辦法》為民國108年修訂版，若以資料丙審視資料甲，關於①、②兩項推論的研判，最適當的是：

① 鄭用錫墓展現清代「營造技術流派特色」，而列為國定古蹟。

② 王得祿墓的歷史價值，可能是被列入古蹟的條件之一。

(A) ①、②皆正確　　(B) ①正確，②錯誤
(C) ①無法判斷，②錯誤　(D) ①無法判斷，②正確

答案：1.(C) 2.(D) 3.(D)

真相揭曉

題1：選項陷阱

關於選項A，可從資料甲中「三世長子鄭國周率四弟國唐、五弟國慶及國唐四子崇和來臺」一句得知，鄭崇和並未與祖父定居後龍。如果造成誤判，大概是長子、四弟，以及四子不同的稱謂，容易產生混淆。

題2：綜合「說明文本」回應

選項D中的「祀鄉賢祠」可從資料甲的「鄭崇和墓介紹」與「墓碑部分文字」中找到相關線索，據此或可推測其重要性。其中，「祀」為動詞，意指「入祀」，而「鄉賢祠」則是當時用來祭祀德望之士的場所，象徵一種榮譽。然而，資料甲並未明確提及此事，僅能從相關文字間接推論。附帶一提，清代臺灣有五人入祀，依序分別是：王鳳來、鄭崇和、鄭用錫、鄭用鑑，以及陳震曜。

題3：提取明確事實

此題須根據資料丙《古蹟指定及廢止審查辦法》的條件，並檢視資料甲是否能支持①與②的推論。判斷推論的「正確」、「錯誤」與「無法判斷」時，可以依據以下標準來區分：

正確──推論與資料內容相符，並且符合邏輯推理，不會產生矛盾。

錯誤——推論與資料內容不符,或者邏輯上有錯誤。

無法判斷——資料不足,沒有直接證據支持或反駁該推論。

一起去壯遊

#108 學年度　#潘耒　徐霞客遊記序

　　明代的徐霞客應該可以算是一位喜愛探索祕境的冒險家，專門前往那些難以抵達的地方，並且詳實地記錄自己看見的一切，撰寫成六十多萬字的旅遊日記，也就是後來的《徐霞客遊記》。

　　不過，徐霞客並沒有機會看見自己的作品出版，當時正好遭遇戰亂，那些文字大部分都被燒毀，直到他的兒子李寄重新整理遺留的資料，才有機會讓徐霞客的冒險生涯重見天日（為何徐霞客的兒子姓李，又是另外一個故事了）。

　　由於這部《徐霞客遊記》十分精采，清初作家潘耒主動為其寫了篇序文，完全以粉絲的心情介紹這本書，認為很多知識分子喜歡到處旅遊，卻未必有辦法完整記錄過程，畢竟要能夠四處旅遊需要具備見識、體力，還有時間。

　　接著，潘耒認為旅遊必須要能獨自進行長時間、遠距離的旅程，畢竟距離太近、時間太短，就像去巷口超商買飲料，不會有任何特別的感受。

　　潘耒再次強調，真正的旅遊必須拋棄安穩的生活模式，跟隨自己內在的熱烈情感，否則也不能說是旅遊，大概只是出門散步而已。

換句話說，如果讓潘耒選擇旅遊的形式，他一定不會跟團，而會堅持自由行。

　　此外，潘耒閱讀過許多旅遊文章，那些作者都沒有進行深入且完整的探查，他們就只是去超商買飲料而已，僅能留下支離破碎的紀錄。

　　至於為何潘耒會變成粉絲，那是因為他自己也喜歡旅遊，甚至覺得已經比一般人來得更投入其中，往往走到最深最遠的地方；但比起徐霞客仍遠遠不及。

　　從《徐霞客遊記》可以知道，他反覆遊歷了整塊大陸的邊緣地區，而且故意不走政府修建的道路，專門挑選偏遠小路前往目的地。

　　徐霞客對於山川大地有一定程度的知識，不是光憑熱情就想挑戰大自然，他會查看山嶺、水脈的走向，再從此展開他的觀察與移動——在原始蠻荒中，走出屬於自己的路。

　　總之，徐霞客以一種刻苦、堅忍，以及勇敢的方式認識世界，用自己的雙腳走到雲南、廣西、貴陽等部落，讓那些沒有辦法離開家鄉的人得以知道，原來還有這樣的地方存在。

　　潘耒非常欣賞徐霞客的文字，書中以日記的形式記載當時的情感和景象，敘述極為真實與精準，沒有添加任何華麗的修辭，單純刻畫自己看到的事物。

　　或許有人會對徐霞客感到好奇，是什麼驅使他行動？對此，潘耒啟動粉絲濾鏡表示：「就是因為沒有特別的目的，才沒有任何限制，進而自由地前往想去的地方。」

這是徐霞客被上天祝福的人生,希望藉由他的眼睛、雙手、雙腳,還有堅毅的靈魂,揭開大自然的神奇奧祕。

有人說,世界是一本書,如果你不旅行,那只打開了一頁;又有人說,只要你走得夠遠,那你終究會遇到自己;也有人說,無論你走到什麼地方,你總是會帶著你自己;更有人這樣說,旅行是為了尋找自己,然後你回到家發現自己就在這裡。

> **旅行可以逃避生活,也可以再一次找到自己。**

時空謎題

以下三題為題組。閱讀下文,回答題 1 至題 3。

文人達士,多喜言遊。遊未易言也,……淺遊不奇,便遊不暢,群遊不久,自非置身物外,棄絕百事,而孤行其意,雖遊猶弗遊也。余覽往昔諸名人遊記,驗諸目觀身經,知其皆嘗一臠,披一節,略涉門庭,鮮窺閫奧。……霞客之遊,在中州者無大過人;其奇絕者,閩粵楚蜀滇黔,百蠻荒徼之區,皆往返再四。其行不從官道,但有名勝,輒迂迴屈曲以尋之;先審視山脈如何去來,水脈如何分合,既得大勢後,一丘一壑,支搜節討。登不必有徑,荒榛密菁,無不穿也。……記文排日編次,直敘情景,未嘗刻畫為文。……故吾於霞客之遊,不服其閎遠,而服其精詳;於霞客之書,不多其博辨,而多其真

實。……霞客果何所為？夫惟無所為而為，故志專；志專，故行獨；行獨，故去來自如，無所不達。意造物者不欲使山川靈異久祕不宣，故生斯人以揭露之耶？（潘耒〈徐霞客遊記序〉）

※ 閻奧：閻音「捆」，幽深的山林。

題1 依據上文，**不符合**作者想法的是：
（A）便遊、群遊與淺遊，屬嘗一臠披一節式的遊覽
（B）欣賞徐霞客的邊疆之記，更勝於他的中原之錄
（C）徐霞客按日期先後記錄，真實與精詳是其優點
（D）徐霞客以華藻曲筆狀寫情景，揭露造物的奇祕

題2 下列文句，最符合上文「其行不從官道」、「登不必有徑」的是：
（A）山行六七里，漸聞水聲潺潺，而瀉出於兩峰之間者，釀泉也。峰回路轉，有亭翼然臨於泉上者，醉翁亭也
（B）由斷橋至蘇堤一帶，綠煙紅霧，彌漫二十餘里。歌吹為風，粉汗為雨，羅紈之盛，多於堤畔之草，豔冶極矣
（C）今年九月二十八日，因坐法華西亭，望西山，始指異之。遂命僕過湘江，緣染溪，斫榛莽，焚茅茷，窮山之高而止
（D）暮春之初，會於會稽山陰之蘭亭，脩禊事也。群賢畢

至,少長咸集。此地有崇山峻嶺,茂林脩竹,又有清流激湍,映帶左右

題3 某旅行社打算推出仿徐霞客行旅的套裝行程,下列文案最接近其行遊精神的是:
(A) 一步一腳印走入隱世祕境,在人際交流中發現世界,盡嘗家與人情的味道
(B) 沿縣道公路深入風景勝地,登高盡攬海天一色,文青族、背包客一網打盡
(C) 世界上不缺少美,只是缺少發現,專業背包客帶您在田園裡與自我心靈對話
(D) 專攻高端背包客,不走常規景點,壯遊千里探祕勝,在冒險中尋找自我肯定

答案:1.(D) 2.(C) 3.(D)

🎯 真相揭曉

題1:選項陷阱

　　選項 D 提及「以華藻曲筆狀寫情景」明顯錯誤,文章中都寫「直敘情景」了⋯⋯不要被這句「輒迂迴屈曲以尋之」騙了,這裡係指徐霞客在行旅過程中,為了尋覓名勝而不走官道,特意採取迂迴曲折的路線;也就是說,這裡講的是他的路徑選擇,而非文筆風格。

題 2：跨文本背景對應

承上，從選項 C「緣染溪，斫榛莽，焚茅茷，窮山之高而止」可知道這裡提及的路徑選擇，也是平常沒人行走的地方，所以才需要沿著溪流而行、砍伐樹叢和雜草、焚燒阻路的茅草植披，探究的足跡一直延伸到山的最高處。

題 3：跨文本背景對應

如果前兩題都答對，那麼這一題也不會有問題，一個旅客專挑沒人走過的路，當然具備冒險精神。

知識的局限與潛力

#113學年度　　#宋應星　　#天工開物

　　明代的宋應星認為，所謂的知識需要親身經驗與觀察，才能真正的理解。如果你問他什麼知識有用呢？大概會得到這樣的回答：「有用和沒用的知識各占一半。」換句話說，像宋應星這種以實作為主的知識分子，會承認知識的局限，以及其無法產生價值的部分。當然，某個時候被認為無用的知識，未必代表未來也一樣無用。無論如何，生活的常識還是得要知道，宋應星撰寫《天工開物》一書，目的便是介紹農業、工業、軍火業，以及珠寶業等產業的工具與技術。

　　在〈丹青〉一卷中，說明硃砂與水銀的關係，敘述硃砂的製作過程：

　　首先，上等硃砂需要挖土十餘丈才能得到，會發現一堆白色石頭，那就是「硃砂床」，比較靠近硃砂床的硃砂大概有雞蛋那麼大；至於次等硃砂，並不會當成藥材，而是研磨後作為繪畫的原料，以及用來提煉水銀。

　　簡單講，最好的硃砂可以吃，其他的都不能吃。

　　想要發現次等硃砂的硃砂床，不必看見白色石頭，只要挖幾丈的深度就可以得到了。通常這裡的硃砂床雜有砂土與青黃色石

塊，由於裡面蘊藏硃砂，砂石會呈現折斷裂開的外觀。次等硃砂在貴州的思南、印江、銅仁等地方產量最豐，而商州與秦州一帶出產的次等硃砂也不少。

挖掘次等硃砂時，如果發現礦坑裡的礦石呈現白色且質地細嫩，就不會研磨成硃砂，而會用來提煉水銀。

先別提水銀，宋應星開始說明硃砂原料的辨識與製作方式：

一、選擇砂質細緻而且閃爍紅光的硃砂原料。
二、放入巨大的鐵製碾槽之中。
三、碾成細碎的粉塵狀。
四、倒進缸中。
五、注入乾淨的水浸泡。

等到三天後，將上層漂浮的砂石撈出來，再倒入另一個缸中，稱之為「二朱」。下層沉澱凝結的部分，曬乾後則稱為「頭朱」。

好的，以上就是《天工開物》關於硃砂的製作知識。一定不少人覺得關我什麼事，何必要知道這些繁瑣的流程與術語？的確如此，但有用和無用知識之間的界限是不穩定的，並且隨著時間的推移常常變得模糊。

有些問題很重要：支付帳單、修理漏水的水龍頭，以及如何讓上課睡覺的同學醒來；有些似乎沒那麼令人覺得該放在心上：學習文言文、背誦詩歌、畫一隻可愛的貓，還有記得你國文老師

的名字。

　　但是,今天被認為無用的東西,明天可能會以意想不到的方式展現價值。如果我們只強調立即有用的知識,就會限制人類潛力的範圍。

　　伽利略凝視星星,應該不是因為承諾了財富、地位,以及更好的生活,而是它們就在那裡。

> **懂得運用你的知識,**
> **任何知識便都有意義。**

時空謎題

題目 關於硃砂(主成分為硫化汞),符合下列資料所述的是:(多選)

行政院衛生署公告
(署授藥字第0940002424號) 主旨:自94年5月1日起,禁止中藥用硃砂製造、調劑、輸入、輸出、販賣或陳列。
中醫師
炮製藥用硃砂,須重複水飛法多次方可,耗時費力。若不肖者私下以機器研磨,會因機器運轉的高溫,使硃砂產生劇毒,一旦入藥,極其危險。

巴寡婦清

我家因硃砂礦業而致富。硃砂應視原料品質與加工目的，而有不同的處理方式。

水飛：
- 惟取好砂，軋碎如微塵，入缸注清水澄浸。
- 過三日夜，其上浮者不堪入藥，傾入別缸。其下沉結者，曬乾即頭朱也。

升煉：
- 次砂不入藥，作爐置砂於中，下承以水，上覆以盆，器外加火，則煙飛於上，水銀溜於下。
- 丹砂性寒而無毒，入火則熱而有毒，能殺人。
- 水銀乃至陰毒物，因火煅丹砂而出，或加鹽、礬煉而為輕粉，或加硫黃升而為銀朱。

※ 古文敘述參考《天工開物》、《本草綱目》。

（A）水飛法是將硃砂先以清水反覆淘洗，再曬乾研成粉末
（B）今日若以機器研磨取代水飛法，將因高溫使硃砂含有劇毒
（C）升煉法主要用於煉製水銀，水銀加入硫黃之後可再產生銀朱
（D）銀朱藉升煉獲得，不僅速度快，毒性也比水飛法獲得的頭朱低
（E）藥用硃砂若以安全方式炮製，非全不可用，但臺灣目前

完全禁用

答案：(B) (C) (E)

🎯 真相揭曉

綜合「說明文本」回應

　　說明文本的考題多涉及科學、歷史、文化、技術原理等客觀知識，因此解題時要透過嚴謹的閱讀，確保自己完全理解文本內容，並能掌握語義、邏輯結構，以及相關的細節資訊。此外，需要避免因為常識或直覺誤導，進而選出不符合文章內容的選項。

當你有好奇心，
學習就開始了

#108 學年度　#朱熹　#朱子語類

　　南宋的朱熹很喜歡回答學生的疑問，可能上課的形式就是如此，所以學生上課抄寫的筆記，裡面有大部分都是朱熹和學生之間的對話，後來有人將這些內容集結成《朱子語類》一書。當然，老師上課講了什麼，學生的記錄未必完全正確，再加上理解能力的差異，或許也會有誤解的部分，但依舊可以從此看出朱熹的觀點與想法。

　　這次，朱熹的學生郭德元提出了一個問題：由於老子認為禮是忠和信兩種良善的價值衰弱後的產物，甚至還是造成禍亂的開端，從此可以知道老子不認同禮的存在。那麼孔子這麼重視禮的人，跑去向老子問禮是要做什麼？

　　的確，你不會去問討厭《吉伊卡哇》的朋友，小八到底是貓，還是像貓？

　　郭德元試著從不同角度分析文本，沒有全部接受書上的說法，甚至他內心應該懷疑：「孔子向老子問禮，會不會是假的？」

　　面對這樣的問題，朱熹認為老子能夠了解禮的複雜性，只是他說這是一個不重要的東西，所以沒有重視它。

　　這時，朱熹也肯定學生發現老子的矛盾處，一個認識禮的

人，怎麼可能反對禮？因此，朱熹說明自己也曾懷疑有兩個老子，正如同北宋著名學者張載的看法，覺得老聃和寫《老子》一書的作者不一樣，也就是說孔子問禮的人是那一個守禮的老聃，而不是現在看到那本《老子》的作者。

朱熹很快推翻這個說法，若重新梳理老子的生平，會知道他曾擔任過掌管圖書典籍的公務員，在大量的閱讀之下，必然熟悉禮的意涵，進而與孔子進行有價值的對話。

至於老子到底為何鄙棄禮？根據朱熹的論述來看，老子認為禮不一定需要遵循，如同聖人使用禮的時候反而顯得多此一舉。在朱熹的認知裡，那些真正受到歡迎且有效管理國家的統治者，並不需要禮作為控制人民的方式。

接著，朱熹舉了〈禮運〉一篇做例子，也就是我們高中學生熟悉（？）的國文課文〈大同與小康〉，裡面提到「謀劃由此產生，而戰爭也由此興起」之類的話，正可以作為老子想法的證明。

朱熹與學生的討論充分表示學生不再只是被動的知識接受者，他們正在進行有意義的參與。透過提問，學生會將課程的資訊與知識，連結個人的想法與經驗，重新產生有意義的事物。

事實上，好奇心是一種習慣，無論在課堂，或是生活之中，都應該知道：

不斷尋找、分析、研究，以及思考，這種想得到解答的渴望，是終身學習的開始。

> 即使是一個愚蠢的問題,
> 也有機會讓你變聰明。

時空謎題

題目 韓愈〈師說〉:「孔子師郯子、萇弘、師襄、老聃」,相傳孔子曾問「禮」於老聃。閱讀下列有關老子、孔子論「禮」以及後學的相關討論,選出解釋適當的敘述:(多選)

老子	失道而後德,失德而後仁,失仁而後義,失義而後禮。夫禮者,忠信之薄而亂之首。
孔子	禮云禮云,玉帛云乎哉?樂云樂云,鐘鼓云乎哉?
吳子良（宋代學者）	蓋聃之於禮,尚其意不尚其文,然使文而可廢,則意亦不能獨立矣。此(指「禮者忠信之薄而亂之首」)老子鑑文之弊,而矯枉過正之言也。
朱熹學生	老子云:「夫禮,忠信之薄而亂之首」,孔子又卻問禮於他,不知何故?
朱熹	他曾為柱下史,故禮自是理會得,所以與孔子說得如此好。只是他又說這簡物事不用得亦可,一似聖人用禮時反若多事,所以如此說。〈禮運〉中「謀用是作,而兵由此起」等語,便自有這簡意思。

（A）依老子的看法，人間若有「道」，便無須用「禮」
（B）孔子「玉帛云乎哉」的看法，即憂心「禮」僅「尚其意不尚其文」
（C）吳子良認為：「禮」的形式與內在應為一體，老子有矯枉過正之弊
（D）吳子良和朱熹都認為：老子對「禮」缺乏深度認知，故評論有失偏頗
（E）朱熹認為：〈禮運〉所云：「謀用是作，而兵由此起」，與老子對「禮」的看法相似

答案：(A) (C) (E)

真相揭曉

綜合說明文本回應

　　東方思想的文本往往言簡意深，充滿隱喻與哲理，導致後人解讀時產生多種不同的詮釋，這正是作答這類考題的困難之處。

　　老子提及「夫禮，忠信之薄而亂之首」，直覺會認為「禮」是維持社會秩序的核心，但從字面理解老子的意思，似乎在進行對禮的批判──認為當社會開始強調「禮」，就表示人心已經虛偽，反而會導致紛亂。據此，老子主張「道」是最高的境界，而「禮」僅是失去「道」後的補救措施。

　　關於老子的這種說法被吳子良認為「矯枉過正」──肯定老子動機，可是言論卻過於偏激。

至於孔子說「玉帛云乎哉」，單從字面很難解釋他的想法，因為「玉帛」就只是「玉器和絲織品」，而孔子真正想表達的意思是「禮的精神比物質更重要」。

好人難做,別忘了你的心

#110 學年度　#孟軻　#孟子　#離婁　#四書箋解

　　如果你覺得自己就像一隻貓(或狗,都可以),那麼孟子會支持你的想法,但意思不是你真的很可愛,而是他認為人與動物之間的差異,比你以為的來得小:「人之所以異於禽獸者,幾希。」所謂「幾希」是微少的意思,而這個可能很難被注意的微少部分,即是決定人與動物的最重要關鍵。

　　具體來說,這個形成差異的關鍵會是什麼?

　　孟子認為「庶民去之,君子存之」,一般人容易遺忘與捨棄它,讓自己看起來就和動物沒什麼兩樣;君子則知道保存與發展它,使得自己與動物可以明顯被識別出來。

　　只閱讀這段文字,覺得孟子好像說了什麼,又似乎什麼都沒說。

　　孟子還沒解釋清楚,接著便開始提到舜這個古代被視為聖人的人。

　　關於舜,傳說他眼睛有兩個瞳孔,而且屬於被虐體質,無論他的父親、繼母,以及同父異母的弟弟多麼想傷害他,他依舊概括承受所有責備與懲罰。

　　即使弟弟想放火燒死他,繼母想趁機活埋他,舜總是不以暴

力回應暴力，仍然愛著自己的家人。

　　所以聖人不好當，給舜當就好了；但也因為如此，孟子認為舜明白這個世界的規則，並深刻認識人與人之間的關係──由仁義行，非行仁義也。

　　孟子終於提到他真正想說的那個區分人與動物的關鍵，也就是「仁義」。

　　若再說清楚一點，便是期待人們不僅表現出符合仁義的行為，更必須從內心百分之百認同仁義。據此，人與動物那個微小的差異，就是內心是否存在一種力量，進而驅使自己做出正確的選擇；這樣的一種力量，有時我們會稱呼它為「善」。

　　有人說，聰明是一種天賦，善良是一種選擇；但你想要做出正確的選擇，似乎仍必須擁有足夠的智慧。沒有洞察力的仁慈往往只是愚蠢，沒有同情心的聰明則是冷漠。

　　每天，在無數的互動中，我們都面臨著看似微不足道的小選擇：傾聽還是忽視？協助還是旁觀？這些決定不僅共同定義了我們的關係，也定義了我們期待的社會。

　　這不容易。在選擇善良時，我們被要求理解與自己不同的觀點，並耐心地回應。或許，大多數的時候，我們未必是不善良，只是沒有辦法理解與好好回應。

　　當然，孟子不會同意善良是一種選擇，善良是你與生俱來擁有的力量，兩者的結果可能很接近，本質上並不一樣。

> 只要你願意，
> 你就可以保持善良。

明末清初著名的知識分子王夫之討厭考試，準確來說是那時候的八股文考試，他認為這類型的寫作測驗無法辨識真正優秀、獨特的想法。

因此，王夫之撰寫了《四書箋解》一書，目的便是想告訴大家到底該如何閱讀經典，正確認識先秦知識分子的想法。

關於孟子「人之所以異於禽獸者，幾希」一句，王夫之解釋，所謂「幾希」是接近沒有的狀態，呈現一條線，而不是一個點。

的確，每一件事都存在差異，但差異卻不會太多，稍微一個不注意，便會踏進線的另外一側。

天才和瘋子只有一線之隔，人和禽獸也只有一線之隔。

王夫之根據自己的觀察，認為禽獸未必不認識世界萬物，只是不能明白通曉；未必沒有倫理制度，只是不能了解分辨；未必沒有愛，只是不能實踐仁；未必不追求正確的行為，只是不能實踐義。禽獸似乎具備某些人類的特質，但兩者差別的關鍵在於，人類有能力理解與實踐更高的道德價值。

人類不僅能感知世界、依循規範、表達愛，更重要的是以理性和道德的原則做出選擇並付諸行動。

所有日常生活中的飲食等事物，都有些微的差異，但彼此差異不大，這正是人們必須時時警惕、自我約束，以及謹慎行事的原因——注意一切想法與事物之中存在的差異。

　　這些差異反映了我們價值觀、行為準則和內在的道德取向，同時表示人與禽獸之間的「一線之隔」。

　　因此，人類不僅要依循本能，還應該追求在細節中體現的道德與倫理，使日常的每一個選擇都不至於跨越那一條線。

　　接著，王夫之解釋《孟子》「君子存之」一句，認為孟子就是在強調保持這些微小差異的存在，並在行為和思想上隨時辨別那條「該畫的線」究竟在哪裡。

　　最後王夫之歸納出一個結論，認為這便是所謂的「人道」。

　　稍微再整理上述的說法。王夫之的觀點認為，人類有能力在道德上辨識微小的差異，這種差異並非單一的「點」，而是一條「線」——連續、動態且須時刻維護的界限。

　　是的，王夫之應該會認為「善良是一種選擇」。

　　做一個好人並不簡單。長大後，生活中很少有非黑即白的狀況，四處充滿灰色的陰影，每個決定都可能帶來意想不到的後果。我們常常在相互衝突的價值觀之間進行選擇，而且還不能保證「正確」的選擇也會有幸福的結果。

　　更何況，始終如一地選擇符合道德原則的行為方式，往往充滿壓力、疲憊，以及痛苦，因為無論你做得多好，都還有「更好」在等著你抵達。

　　一旦某人展現出正向的特質，社會就會期望他堅持這項標

準,並進行嚴格的審查,不允許那些瑕疵破壞純粹的善良。

如果好人的任何錯誤都會被視為一種背叛,那不如好好當個人就好。

> 努力當一個好人,
> 即使非常不容易。

時空謎題

以下兩題為題組。閱讀下文,回答題1和題2。

　　甲、人之所以異於禽獸者,幾希。庶民去之,君子存之。舜明於庶物,察於人倫,由仁義行,非行仁義也。(《孟子》)

　　乙、「幾希」,言幾於無也,乃一線之象,非一點之象,凡事俱異。凡事之異無多,稍一差錯,則墮入彼中。如禽獸亦未嘗不知「庶物」,只是不「明」;亦未嘗不有「倫類」,只是不「察」;未嘗不有所愛,而不能「行仁」;未嘗不求所宜,而不能「行義」。舉凡日用飲食,俱有異處,而俱差不遠,此其所以必戰兢惕厲,無念無事不思求其所以「異」也。「存之」,謂存其所以異者,以要言之,謂之人道。(《四書箋解》)

題1 下列敘述，最符合乙文對甲文「人禽之辨」詮釋的是：
（A）人禽在道德意識和日用飲食等各方面，都有很大差異
（B）禽獸亦具對外在事物的認知能力，且擁有情感和好惡
（C）人只要稍有過錯，在價值層次上，即墮入禽獸的範疇
（D）禽獸未嘗無仁義之心，但缺乏追求仁義的意志和智力

題2 依據甲、乙二文，君子面對「幾希之異」的態度是：
（A）嚴別差異，彰示人道的尊嚴和價值
（B）存同去異，建立物我共同遵循的仁義準則
（C）異中求同，探索萬物在紛殊表象下的共同本質
（D）尊重差異，體認萬物平等，脫離以人為本位的思考

答案：1.(B) 2.(A)

🎯 真相揭曉

題1：跨文本背景對應

　　從題目敘述可以知道，乙文是甲文的詮釋，另外從書名「箋解」（經傳的注釋）亦可用以判斷。比較討厭的是，所謂「人禽之辨」係甲文內容的概括說法，如果你真的去找「人禽之辨」四字，可能會感到十分失望。此外，在古文中或選項裡，常見到「未嘗無」三字，指的是「未必沒有」，形成了雙重否定，以委婉的語氣表達「有」的意思。

題 2：提取明確事實

若能知道「幾希」指「相差很少」的意思，基本上可以合理推論出答案。附帶一提，「幾」（音「ㄐㄧ」），可以解釋為「細微」或「相近不遠」，以及「細微的跡象」，看到古文中出現這個字，建議往以上方向思考。

知道自己畏懼什麼，才能知道該如何勇敢

#111 學年度　#孟軻　#孟子盡心下　#朱子語類　#論語季氏

恐懼是一種本能的反應，保護我們避免受到傷害。當我們感覺潛在的危險時，無論真實的或想像的，每一條神經都會變得敏感，進而隨時做出適合的反應。

大多數人也會害怕一些無法理解和控制的事情，例如未知、失敗、成功，或是失去理智的人類。

然而，孔子對於恐懼的關注不太一樣，他想解釋君子內心應該要有焦慮、害怕，以及反覆思考的事物；與其說是恐懼，不如說是對於神聖廣大的事物感到敬畏。

所以，孔子說：「君子有三畏，畏天命，畏大人，畏聖人之言。」首先，君子應該要對天命感到敬畏。什麼是天命？天命係指自然的規律，生與死、禍與福、吉與凶、順與逆，以及任何活著會遭遇的事情，因為都不是我們可以控制的，才會感到敬畏。

其次，君子應該要對有道德修養的人感到敬畏。這就有點令人感到奇怪，我們認為距離壞人越遠越好，何必要對好人也保持距離，甚至有恐懼的成分？因此有人認為，這裡的「大人」指的是上位者，恐懼掌握權力的人似乎很正常，畢竟對方掌控了你的現在與未來。但我覺得即使解釋成一位好人站在哪裡，孔子大概

也覺得讓自己有必須變好的必要性，或許算是一種壓力吧！

關於聖人之言，那就比較容易理解，至少我自己常擔心被聰明的人討厭，那總是顯得我很愚蠢或不夠善良，所以得敬畏那些智者的啟示與指引。

但是，無知的人往往懷抱一種莫名的優越感，彷彿世間的一切都在自己的掌握之中。他們認為自己無所不知、無所不能，甚至相信就連命運也會隨著他的意志轉動，不必考慮那些無形的力量會左右他的方向。在那些人眼裡，沒有什麼是不可控制的，也沒有什麼是值得畏懼的。

孔子認為「小人不知天命，而不畏也」，這樣的無懼並非勇敢的象徵，而是源自一種根本的無知。他們甚至「狎大人，侮聖人之言」，無知的人會輕視與欺負好人，認為好人就是愚蠢才會成為好人，堅守原則被當成固執；慷慨善良被當成濫情；遵守禮儀被當成虛偽。任何值得讚美的價值，在他們眼裡都是另一種解讀，從來不會擔心自己不夠好，因為貶低別人就是這麼容易。

至於智慧的建議，無知的人依舊不願意接受，畢竟自己是世界上最聰明的人，自己能做出正確的判斷，也不害怕自己的判斷是否有錯誤的可能；一旦發現有人說對了什麼，便以嘲弄的態度，作為維護自尊的手段。

因此，當我們理解到自己的限制、身體的脆弱、生命的短暫、智力的不足，自己會變得更加謙虛。在這種謙虛中，我們將會找到一種力量，重新審視自己的缺陷，推動我們走向改變，以及增強內在的堅忍與剛毅。

知道自己害怕什麼，也才知道該如何勇敢。

朱熹也曾解釋過「君子有三畏」的問題，他認為所謂的「大人」指的是「有位、有齒、有德者」，擴充了大人的內容，其中除了地位高的人之外，還有年長者與有道德修養的人。此外，朱熹強調，只要能先「畏天命」，自然也就能敬畏智者與他的言論，而達成以上目標的方式便是「知」。

麻煩的是，每個人知識的範疇不同，是否有部分的人無法真正做到敬畏天命、大人，以及聖人之言？朱熹的解釋是：的確，認知有差異，但每個人的內心都會有一種無法忽視的自然反應，明顯知道這樣的行動是正確或錯誤；若已經注意到這個念頭的存在，卻又不依照這個念頭行動，那就不是真正的知道——你知道，就會做到。

> 一個什麼都不害怕的人，
> 可能勇敢，也可能傲慢。

「說大人，則藐之，勿視其巍巍然。」孟子沒在跟任何人客氣的，尤其是那些握有權力的顯貴富豪們，強調要展現以下態度：「藐視他！」

不要被地位、金錢，或是任何看起來很偉大的事物嚇倒，千萬別把那些放進眼裡。這是在告訴大家，真正的力量來自內心的堅定與道德的高度，而非優渥的物質生活與高級的身分職業。

孟子開始列舉大家會被嚇倒的事物：

一、高級又好幾百坪的房子。
二、美食以及好幾百位女僕。
三、酒精派對、野外狩獵，還有好幾百輛名車。

看起來，就算戰國時代沒有社群媒體，人們認為值得炫耀的事物還是差不多，只不過我們現在接收訊息更加便利，更容易被迷惑。

然而孟子認為，即使換成自己處在相同地位，他也不會在意或追求那些顯貴富豪擁有的事物。他希望大家能進一步思考，所謂的世俗所喜愛的一切，不過是浮雲微塵而已（可是我好想要⋯⋯）。

總之，那些顯貴富豪想得到的事物，都不是孟子想得到的。更簡單來說，孟子不在乎世俗的標準或期待，而是專注在個人精神的獨立與自由。

「你們做的事情我沒興趣，我做的事情你們沒辦法。」孟子心中大概是如此想著，而他陳述自己內在存放的是古代禮樂制度，代表一種厚實的文化信仰與價值堅持。

你們的遊戲規則，我不參與；你們的自以為是，我不理會。根據這樣的信念，孟子沒有被顯貴富豪嚇倒的理由。

關於孟子的說法，朱熹的學生黃敬之曾提出疑問，希望老師為自己解釋這章的意涵。

朱熹的回答很直白，這是由於世上有人對崇高地位和顯赫富貴太過看重，不敢對那些擁有地位與富貴的人說一句實話，因此孟子才會這麼認為——在地位與權力之前，很多人都顯得十分軟弱。

朱熹強調，《論語》中也提到「畏大人」，而這裡卻說「藐大人」，看起來似乎矛盾。到底應該怎麼對待這些所謂的「大人」？事實上，大人物本來是值得敬畏的，畢竟他們也是經過努力而獲得成就；不過所謂的「藐」，並不是輕視他們本人，而是輕視那些表面的物質條件：「啊……就是那些誰的房子幾百坪之類的，不要羨慕啦！」

什麼對你才是真正重要的？「物質」提供了安全感、舒適感與機會，讓我們能滿足基本需求，進而追求更高層次的理想；「精神」則將我們與深層的價值連結，如愛、目標，以及內心的平靜，賦予生命意義。保持平衡是關鍵。過度追求名利可能助長內心的空虛，讓人迷失於表面的繁華；極端壓抑欲望，則可能使我們脫離現實，失去與這個世界的穩定連結。

試著追求物質與精神之間的和諧，那不是一個靜態的理想終點，更像走在需要小心腳步的鋼索上。我們總得學會問自己：是什麼讓我選擇了我的選擇？

> **你得知道自己擅長什麼遊戲，那就可以不參與討厭的遊戲。**

時空謎題

以下三題為題組。閱讀下文，回答題 1 至題 3。

甲、

《論語》原文	朱熹的解說
子曰：「君子有三畏：畏天命，畏大人，畏聖人之言。小人不知天命，而不畏也，狎大人，侮聖人之言。」	①「大人」不止有位者，是指有位、有齒、有德者。②「畏天命」三字好。是理會得道理，便謹去做，不敢違，便是畏之也。如非禮勿視聽言動，與夫戒慎恐懼，皆所以畏天命也。③要緊全在知上。纔知得（天命），便自不容不畏。

乙、

《孟子》原文	朱熹的解說
說大人，則藐之，勿視其巍巍然。堂高數仞，榱題數尺，我得志，弗為也；食前方丈，侍妾數百人，我得志，弗為也；⋯⋯在彼者，皆我所不為也；在我者，皆古之制也。吾何畏彼哉！	①這為世上有人把大人許多崇高富貴當事，有言不敢出口，故孟子云爾。②《論語》說「畏大人」，此卻說「藐大人」。大人固當畏，而所謂「藐」者，乃不是藐他，只是藐他許多「堂高數仞，榱題數尺」之類。

※ 榱題：屋椽的兩端之處。

題1 下列敘述，**不符合**資料甲意旨的是：
（A）君子得識天命所歸，遂謹於視聽言動
（B）小人處懵然狀態，故不知且不畏天命
（C）君子須知得天命，天命可知遂不可畏
（D）小人不畏天命，遂輕慢位高權重之人

題2 下列人物及其言行表現，與孟子所藐的「大人」最接近的是：

	人物	言行表現
（A）	鄭文公	無禮於晉，且貳於楚也
（B）	項羽	（樊噲）瞋目視項王，⋯⋯項王按劍而跽曰：「客何為者？」
（C）	劉備	（劉備）每與臣（諸葛亮）論此事，未嘗不嘆息痛恨於桓、靈也
（D）	楊素	奢貴自奉，禮異人臣。每公卿入言，賓客上謁，未嘗不踞床而見

題3 下列關於資料甲、乙的敘述，最適當的是：
（A）小人所狎，是那些徒有高位，但非齒、德兼備的大人
（B）彼等小人專為狎大人、侮聖人之事，因此無法知天命
（C）合於古制的大人，當不為孟子所藐，且同於孔子所畏

（D）孟子提出藐大人的說法，是因自己本無意於大人之位

答案：1.(C) 2.(D) 3.(C)

🎯 真相揭曉

題1：提取明確事實

　　選項 B 的「憦然」意指「糊塗無知的樣子」，可對應資料甲中「小人不知天命，而不畏也」，說明小人因無知而缺乏敬畏之心。選項 D 的「輕慢」則意指對人的態度「輕忽簡慢」，可對照資料甲的「狎大人」，其中「狎」亦帶有「輕慢」之意。

　　這類題目不只是考單字意思，更考「語境判斷」、「詞義轉換」、「邏輯推理」，是為了測試考生是否真正掌握文章內涵。

題2：跨文本背景對應

　　選項來自核心選文十五篇，只要上課認真聽講，就能準確判斷答案，因為可以精確還原原文內容。關鍵在於孟子所藐視的「大人」，其條件為「堂高數仞，榱題數尺」和「食前方丈，侍妾數百人」，那麼〈虯髯客傳〉中的楊素即符合這樣的條件。

題3：提取明確事實

　　選項 A、B 直接翻回資料甲看朱熹的解說就能判斷，選項 C、D 也是一樣，去資料乙找朱熹的解說，答案都寫在那裡，不用想太多。

一切的謎題……
全都解開了！

國家圖書館出版品預行編目資料

厭世古文偵探：學測試題充滿懸疑，推理才能拿下滿級／厭世國文老師著
-- 初版 -- 臺北市：究竟出版社股份有限公司，2025.06
　　336面；14.8×20.8公分 --（歷史；87）

　　ISBN 978-986-137-482-6（平裝）
　　1.CST：國文科　2.CST：古文　3.CST：中等教育
524.31　　　　　　　　　　　　　　　　　　　　114004519

Eurasian Publishing Group
圓神出版事業機構
用心與你對話．親野無限寬廣

究竟出版社
Athena Press

www.booklife.com.tw　　　　　　　　　reader@mail.eurasian.com.tw

歷史　087

厭世古文偵探——學測試題充滿懸疑，推理才能拿下滿級

作　　者／厭世國文老師
發 行 人／簡志忠
出 版 者／究竟出版社股份有限公司
地　　址／臺北市南京東路四段50號6樓之1
電　　話／（02）2579-6600．2579-8800．2570-3939
傳　　真／（02）2579-0338．2577-3220．2570-3636
副 社 長／陳秋月
副總編輯／賴良珠
責任編輯／林雅萩
專案企畫／沈蕙婷
校　　對／厭世國文老師．梁涵珺．林雅萩．歐玟秀
美術編輯／蔡惠如
行銷企畫／陳禹伶．鄭曉薇
印務統籌／劉鳳剛．高榮祥
監　　印／高榮祥
排　　版／莊寶鈴
經 銷 商／叩應股份有限公司
郵撥帳號／ 18707239
法律顧問／圓神出版事業機構法律顧問　蕭雄淋律師
印　　刷／祥峰印刷廠

2025年6月　初版
2025年9月　4刷

定價 410 元　　　　ISBN 978-986-137-482-6　　　版權所有．翻印必究
◎本書如有缺頁、破損、裝訂錯誤，請寄回本公司調換　　Printed in Taiwan